中国をつくった12人の悪党たち

石 平

Seki Hei

PHP新書

新書版まえがき

二〇〇九年にＰＨＰ研究所から刊行された拙著の『謀略家たちの中国』はこの度、同研究所から新書版として再版されることとなった。そして再版に伴って、書名は『中国をつくった12人の悪党たち』に改められた。

本書が取り上げた中国史上の十二人の人物のうち、たとえば項羽《こうう》と孔明《こうめい》の二名は、一概に「悪党」であるとはいえないと思うが、他の十名は確実に一〇〇%の悪党。そして中国の歴史も、中国という国のかたちも、まさにそれらの悪党によってつくられているのである。

中国の悪党はまず、日本史上や西欧史上の悪党と比べにならないほどの、腹の黒さと残忍さを第一の特徴としている。

たとえば漢帝国の創始者となった劉邦《りゅうほう》にはこういうエピソードがある。彼は好敵手の項羽と戦って負けて、馬車に乗って追手から逃げた際、同乗した幼い息子の二人を馬車から蹴落としたことがある。息子たちが同乗していると、馬車の逃げるスピードが落ちるからである。

自分の命を守るためには、肉親の息子を殺しても構わないというこの御仁は、どれほど残忍な人であって、どれほどの悪党であるのかが、これで分かってくるのであろう。

あるいは中国史上、有名な則天武后《そくてんぶこう》・武照《ぶしょう》もそうである。妃《きさき》の一人として唐高宗に仕えたとき、彼女は何とかして現役の皇后を失脚させて自らが皇后の座に収まろうと企んでいた。そのために武照は、皇后を陥れるための恐ろしい罠を設けた。

そのとき、武照が女児の一人を生んだ。皇后の王氏はある日、出産見舞いを兼ねて生まれたばかりの赤ちゃんを見るために武照の住む宮殿にやってきた。しかし、どういうわけか武照は不在であった。皇后はいわば母性本能の発露か、赤ちゃんを抱き上げ、しばらくあやしてからベッドにおろし、そのまま部屋を出ていった。

しばらくして、朝廷での仕事を終えた皇帝の高宗《こうそう》が赤ちゃんを見るためにやってきた。武照は愛想よく高宗を迎えて、赤ちゃんを見せるためにベッドから抱き上げたところ、嬰《えい》児《じ》はすでに死んで冷たくなっていた。

武照はわっと泣き出して、侍女を呼んできて「誰か人がここに来なかったか」と問い詰めた。

侍女は、「先ほど皇后様がお見えになられただけです」と答えた。

それを聞いた高宗が激怒して、「皇后のやつめが、朕《ちん》の娘を殺したのか」と怒鳴ったという。

もちろん、皇后が赤ちゃんを殺したという証拠は何もないが、この一件で高宗の皇后に対する不信感と憎悪が生まれてきて、やがて皇后の廃位につながった。そして廃位された皇后の後釜に座ったのはもちろん、嬰児死亡事件の「被害者家族」の武照その人である。

しかし実際には、武照は「被害者」でも何でもない。たんなる加害者だ。そう、女の赤ちゃんをこの手で殺したのはほかでもない、まさに母親の武照自身である。

『新唐書』などの正史に記述されている事件の真相はこうである。その日、皇后が赤ちゃんを見にくるとの知らせを受けた武照は、わざと自分の部屋から出て不在を装った。そして部屋には侍女なども置かないことにした。皇后がやってきて、赤ちゃんを抱き上げて退出した直後、武照は密かに部屋に戻ってきて嬰児を絞め殺した。そしてもう一度部屋から出て、高宗が来るのを待っていた。高宗がやってくると、「嬰児が誰かに殺された」という恐ろしい一幕が、武照によって演じられた。

その結果は前述のとおり、現役の皇后はやがて廃位されて武照が念願の皇后の座を手に入れたわけであるが、自らの野望実現のためにこの人は、母親でありながら自分の娘を絞《し》め殺したのだ。則天武后という人は、どれほど残酷でどれほど腹の黒い悪党なのか。

彼女の腹の黒さは、そういう意味では肉親の息子たちを馬車から蹴落とした劉邦以上のものであるが、結果的には腹の黒い悪党同士のこの二人は、両方とも天下を取って歴史をつくった。悪党の劉邦が強敵の項羽を倒して漢王朝をつくり、この漢王朝においてこそ、中国という国の骨格がつくり上げられた。同じ悪党の武照は皇后になってからは性格の弱い皇帝の高宗を圧倒して権力を独占し、やがて自らの王朝を開いて中国史上、唯一無二の女帝となった。

いってみれば、腹の黒い悪党ほど権力を握って天下を取るのは中国史上の鉄則であって、中国の歴史と中国という国のかたちはこのようにしてつくられていった。まさに本書の書名のとおり、中国をつくったのはまさに悪党たちなのだ。

このような伝統は、現代になっても生きている。現代中国をつくった「建国の父」といえば毛沢東《もうたくとう》であるが、この毛沢東はまた、劉邦や則天武后の何十倍以上の腹の黒さを持つ天下一の大悪党なのである。

一九三〇年代、毛沢東は共産党軍（紅軍）首領の一人として中国南方の農村地域で「革命根拠地」の建設に参画したとき、紅軍内の対立する勢力の粛清のために、一度に十数万人の紅軍幹部と兵士を虐殺したことがある。一九四〇年代、中国共産党軍が中華民国政府軍と内戦を戦ったとき、共産党軍は毛沢東の命令で長春という大都会を一年以上に包囲した結果、長春市民の半数以上が餓死した。

そして一九五〇年代末、毛沢東自身の妄動的な経済政策が失敗した結果、農村地域では数億人単位の人々が大飢饉に陥っていたが、毛沢東政権はそれを見殺しにすることにして数千万人の餓死者が出た。

そして一九六〇年代、毛沢東が自ら発動した「文化大革命」という史上最大の粛清運動においては、少なくとも一億人単位の国民が何らかのかたちで政治的迫害を受け、そのうちの数千万人が非業の死を遂げた。

こうして見ると、毛沢東というのは、まるで中国人民を苦しめるために生まれた悪魔のような大悪党であるに違いない。だが、残念ながらこの稀代の大悪党は、大悪党であるがゆえに天下を取って、二十七年間にもわたって中国を支配した。毛沢東が死去して四十数年がたったいまでも、彼の肖像画が北京の天安門に掲げられていて、「悪魔思想」ともいうべき「毛沢東思想」は、中国の憲法に盛り込まれて国家の「指導思想」となっているのだ。悪党はいまでも、中国共産党の教祖様として祭り上げられているのだ。

そして、毛沢東と肩を並べて自らの名前を冠とする「思想」を憲法に盛り込んだのは現役の中国共産党総書記・国家主席の習近平《しゅうきんぺい》である。この彼はまた、毛沢東に負けないくらいの独裁志向をもって自らの個人独裁体制を固め、いわば「腐敗摘発」という武器を使って共産党内の大粛清を行なった。

その一方、習政権は対内的には人権派や民主派に対する弾圧をよりいっそう厳しくて、ウイグル人やチベット人に対する前代未聞の民族浄化政策を進めている最中だ。国外的には南シナ海の軍事支配化を進め、アジア全体を中国の支配下に置こうとしているのである。いってみれば、中国伝統の悪党はいまでも健在するばかりか、中国人民だけでなくわれわれアジア全体に災いをもたらそうとしているのではないか。

このような中国伝統の悪党と中華帝国の脅威に対して、われわれはいったいどう対処すべきなのか。それは今後、われわれの文明世界にとっての大問題の一つであるが、対応策を考えていくためには、われわれはまず、「中国の悪党」の正体とその本質を正しく認識しておくべきことだ。「彼を知り己を知れば百戦殆《あや》うからず」というのはまさに中国人古来からの知恵でもあるが、われわれもこの知恵を拝借して、まず「彼を知る」ことから始めるべきだ。

そして、「中国悪党」の正体を明らかにするのはまさに本書の仕事であるが、「彼を知る」ための一助として、読者の皆様にはぜひ、本書に興味をもってお読みいただけるのではないか。

令和元年六月吉日

奈良市内・独楽庵にて

石　平

中国をつくった12人の悪党たち●目次

第四章 王莽《おうもう》——漢帝国を乗っ取った史上最大の偽善家

第五章 曹《そう》操《そう》と孔《こう》明《めい》——陽気な現実主義者と陰気な精神主義者

第六章　則《そく》天《てん》武《ぶ》后《こう》——男たちの権力秩序を覆した天下の「悪女」

第七章 袁《えん》世《せい》凱《がい》——私利私欲のみに動く「裏切り専門男」

第八章 毛《もう》沢《たく》東《とう》と周《しゅう》恩《おん》来《らい》——中国史上最大の暴君とその忠実な僕《しもべ》

むすびに代えて

イラスト　齋藤　稔

第一章

蘇《そ》秦《しん》

中国流外交術の原点をなす稀代の策士

前代未聞の大出世を果たした不世出の外交謀略家

紀元前五世紀半ばから前二二一年までの二百数十年間、中国大陸の中心地域では秦《しん》・魏《ぎ》・韓《かん》・趙《ちょう》・楚《そ》・斉《せい》・燕《えん》の七つの国が並立していた。それらの国々は互いに外交上の暗闘や軍事的正面衝突を繰り返して、国家の存亡をかけての戦いに明け暮れていた。いわゆる大乱世の「戦国時代」である。

中国史上の常として、このような大乱世こそ、不世出の英雄や野心家が輩出して活躍する時代であるが、戦国時代もその例外ではない。暴君と賢臣、名将と豪傑、謀略家と策士、スパイと刺客《しかく》、泥棒と破落戸《ならずもの》、あらゆる階層からあらゆる異能をもった異色の人たちがいっせいに登場してきた。彼らは人間的知恵と腕力の限りを尽くして思う存分活躍し、この大乱世の歴史を申し分のない超面白いものたらしめた。

本書の最初の章の主人公となる蘇秦《そしん》も、まさにこのような時代にピカピカと輝いた「戦国的人間」の代表格の一人である。

平民出身の蘇秦（生年不詳－紀元前三一七年？）は、七国の国王たちと対等な立場で天下国家を語っていた。彼は一時は秦の国以外の六国の宰相《さいしょう》を兼任して、それらの国々の外交を牛耳《ぎゅうじ》る立場となったと、有名な『史記』が記述している。

当時、中国全土の名目上の最高権威となるのは周《しゅう》王朝の天子であるが、蘇秦の絶頂期、錦を飾って帰郷する彼の行列が周の首都付近を通ったとき、周の天子はわざわざ人を使って道を掃き清め、使者を郊外にまで出して出迎えたという。

八百年にわたる周王朝の時代、一平民出自の人物がこれほどの礼遇を受けた例はこれ以外にはない。蘇秦はまさに、歴史に残るような前代未聞の大出世を果たしたのである。

この点では、蘇秦は日本の戦国時代の秀吉ととくに似ているといえよう。秀吉もまた、一百姓の出自から身を起こし、ついに「天下人」に昇り詰めた奇跡の人だからである。

ただし、秀吉の大出世は長年の苦労を重ねてようやく勝ち取った汗の賜物《たまもの》である点で、中国の蘇秦とは全然違う。秀吉の場合、信長に仕えて二十八年、一草履《ぞうり》取りから叩き上げて織田家の重臣に出世するまでのあいだ、どれほどの献身的な働きをしてどれほどの辛酸を営《な》めたかは、日本の戦国史を知っている読者ならよく分かるはずである。

しかし、蘇秦の場合は違うのである。彼はどこかの組織のなかで下積みをした経験もなければ、いわゆる叩き上げの苦労人でもない。一浪人の彼は、ある日突如「国際政治」の大舞台に登場してきて、見る見るうちに六国の宰相を兼任する立場に立ったのである。

このプロセスにいったいどれくらいの時間がかかったのかといえば、じつは『史記』も明確に記していないが、前後の経緯から推測すれば、それがせいぜい数年間来の出来事ではなかろうかと思う。つまり蘇秦は、わずか数年の時間を使って、一平民から身を立て、周の天子の礼遇を受けるほどの王様同然の立場に昇り詰めたわけである。

彼はいったい、このような最短コースの驚異的な大出世を、どうやって成し遂げたのか。じつをいうと、蘇秦が頼りにするものはただ一つしかない。己《おのれ》の舌一枚なのである。そう、たんなる「遊説《ゆうぜい》の士」である蘇秦は、まさに口一つで六国の君主を説き伏せることによって、それらの国々の外交政策を一手に司《つかさど》るという、とんでもない立場となったのである。

具体的にいえば、秦・魏・韓・趙・楚・斉・燕の七カ国が並立して対峙《たいじ》しているなか、彼は秦の国以外の六カ国の国王を説得して、六カ国に「合従《がっしょう》の策」を取らせることに成功した。それがすなわち、蘇秦がその生涯において成し遂げた唯一の仕事であり、彼が驚異的な大出世を果たした唯一の理由でもある。

「合従の策」の趣旨は、簡単にいえば六カ国が連携して秦の国からの侵略や圧力に対抗する、という意味での国際戦略であるが、蘇秦のやった大仕事は、六カ国をまとめてこの高度な国際戦略を実施に移したことだ。己の才覚と弁舌一つで、彼は確実に天下を動かしたわけである。

そういう意味では、彼こそは、その時代における超一流の外交の達人であり、中国流外交術を生み出した、元祖・外交謀略家なのである。

天下の大勢から見る「合従策」の奥義

それでは、蘇秦の説く「合従の策」とは一体どういうものか。その概要をよりよく理解するためには、まず一度地政学の視点から、当時の中国大陸の「国際情勢」を説明しておく必要があろう。

その際、左ページ掲載の地図を参考にすればよい。

七カ国の最も西のほうの内陸部に国土をもつ秦の国は、後進国でありながら軍事力は最も強く、対外的に最も侵略性に富む国である。戦国時代を通して、秦がつねに「虎狼《ころう》の国」と呼ばれた所以《ゆえん》はまさにここにある。

秦の国と対極の位置にあるのは、東の海に面する老大国の斉である。文化性が高く経済力もあるが、軍事力はそれほど強くなく、より穏やかな外交政策をとっている。

そして秦の国と斉の国とのあいだに挟まれているのは、魏と趙と韓の三カ国である。三カ国はもともと、春秋時代《しゅんじゅう》の晋《しん》国から分裂して成立した国々である。晋国という一国の領土を分割してできた国々だから、これら三カ国のいずれも強大国であるとはいえない。

しかも、三カ国の全員は秦の国と国境を接しているから、そのいずれも侵略国家・秦にとって格好の餌食《えじき》となり、つねに秦からの領土要求や軍事侵攻などに悩まされている。

紀元前4世紀後半の中国

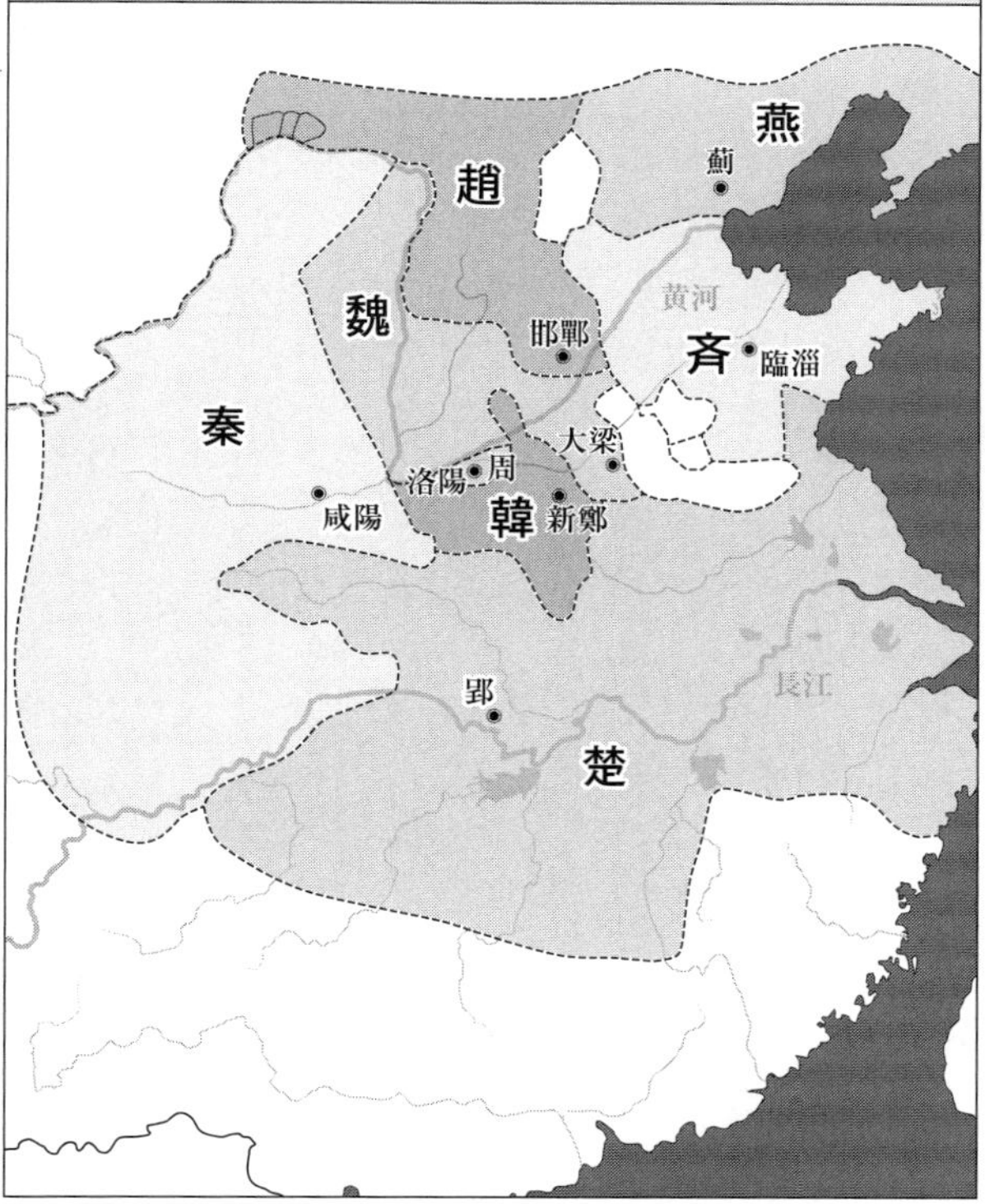

南から秦・韓・斉と国境を接しているのは大国の楚《そ》である。七国のなかで唯一、当時の中華文明の中心部である黄河流域から外れた南方地域に位置する国である。文化的意味においては秦と同じような後進国だが、国土が広大であるがゆえに、中心部で覇権を争う国々にとってはつねに煙たい存在であり、無視することのできない厄介な存在でもある。そして楚はときどき、中心部に乱入してきて戦争をしかけたり、強大国の秦と正面衝突したりもするが、その広大な領土もまた、秦にとっての侵食の対象となっている。

最後には燕《えん》の国があるが、現在の北京とその周辺の狭い地域に封じ込められているような弱小国であるから、つねに虐《いじ》められるような存在であっても、対外的脅威性の最も薄い国である。

このような天下大勢の下で、強大な侵略国家の秦にどう対応するかは、つねに「国際社会」の中心課題の一つとなっていたことはいうまでもない。とくに魏と趙と韓の三カ国にとって、「秦国対策」こそ国の存亡がかかる死活問題である。

もちろん、斉や燕にとっても「秦国問題」はたんなる他人事《ひとごと》ではない。魏・趙・韓の三カ国が秦に併合でもされれば、斉や燕が次の餌食となるのは火を見るより明らかである。

「虎狼の国」の秦こそ、天下諸国にとっての共通の脅威なのである。

そこで生まれてきたのが、すなわち有名な「合従策」である。六カ国が力を合わせて秦に対抗すれば、その対外侵略の動きを食い止め、西のほうの荒漠の大地にこの「虎狼の国」を封じ込めることができるのではないか、という発想からの国際戦略である。

理論的に、それはたしかに正しい戦略の一つである。とくに魏と趙と韓の三カ国にとっては、秦に対抗する「合従」の成立こそは、自分たちが生き延びる唯一の道であるといってよい。

しかし、たいへん奇妙なことに、魏や趙や韓の国々の政権内部からは、このような戦略的発想がまったく上がってこないし、「合従策」が練り上げられた痕跡はまったくない。三カ国はただ無戦略のまま、急場凌《しの》ぎのやり方で秦からの脅威に対応していたかのように見える。

やはり魏や趙や韓の国々はみな貴族社会だったから、為政者であるはずの貴族たちはただたんに祖先から受け継いだ身分と特権に安住して、政治的にはまったく無能・無気力だったからであろう。

それは別問題として、とにかく、各国の政権内部から合理的戦略としての「合従策」がなかなか上がってこないから、一浪人としての蘇秦の出番となるのである。

名誉と地位を手に入れるための奮闘と挫折

蘇秦は、周王朝の首都、洛陽《らくよう》の人である。『戦国策』や『史記』の記述によると、彼は若いころから故郷を出て、斉の国の鬼谷《きこく》先生について「経世《けいせい》の術」と雄弁術を学んだという。

鬼谷先生のところでの勉学を終えたのち、若き蘇秦は自分を使ってくれるような主《あるじ》を捜して諸国を歩き回ったが、ことごとく失敗に終わり、無一文になって故郷の洛陽に帰った。

そのとき、彼に冷たい視線を浴びせたのは、己の兄弟姉妹と妻である。

「この国では農・工・商がまともな職業なのに、お前さんは本業を捨てて口先ばかりの議論を仕事にしているから、こんなに貧乏になったのではないか」と、皆が口を揃えて彼のことを嘲笑《あざわら》った。

蘇秦はそれを聞いて大いに恥ずかしくなって悲しみ、自分の部屋に閉じこもって出なかった。彼はそこで、自分の蔵書を読み返しながら「反省」にふけったという。

もちろん蘇秦は、心を入れ替えようとは微塵《みじん》も考えていない。野心家の彼は、まともな職業についてコツコツと働くような生き方をとっくに捨てていた。『史記』の記述によると、彼がここで反省した点はただ一つ、要するに「俺はこれほど頑張って勉強したのに、いまだに地位と名誉を手に入れていないのはいったいなぜか」ということである。彼にとって、何らかの手早い方法で名誉も地位もまんまと手に入れることこそ、人生の歩むべき道だ。それもまた、蘇秦が蘇秦であることの所以である。

彼は一年以上も自分の部屋に引きこもって『周書陰符《しゅうしょいんふ》』という西周時代の兵書を一生懸命に精読しながら、君主を説得するための「揣摩《しま》の術」を案出した。「揣摩の術」とは要するに、相手の深層心理や隠された欲望を的確に読み取って、それを利用して相手の心を動かして自らの望む方向へと誘導していく術のことだが、悪くいえばそれはすなわち、相手の心の弱みに付け込んでそれをネタにして相手を操る、という意味での人心操縦術である。

練り上げた「揣摩の術」を最大の武器にして、蘇秦はふたたび世に出た。彼はまず洛陽に住む周の顕王《けんおう》を遊説の相手に選んだが、蘇秦の芳《かんば》しくない素性《すじょう》をよく知る顕王の側近たちの讒言《ざんげん》によって、それは失敗に終わった。

彼は次に、最強の国である秦へ赴いた。秦の王様に取り入ることさえできれば、地位も金ももはや問題ではない。しかし、秦での遊説もやはり失敗に終わった。秦の国ではその直前に、外国からやってきて弁舌一つで宰相となった商鞅《しょうおう》（生年不詳－紀元前三三八年）という人物が粛清されたばかり。王様も貴族も、外国からの遊説の士にはもうこりごりだ。蘇秦にとってタイミングが悪すぎたのである。

蘇秦はそれでやむを得ず、秦の隣国で敵対国の趙へ行った。しかし趙での遊説もうまくいかなかった。趙の王様である粛侯の弟君の奉陽君《ほうようくん》が、蘇秦のことを嫌っていたからだ。

蘇秦が最後に辿《たど》り着いたのは、七カ国のなかで最も存在感の薄い燕だった。国際情勢に疎《うと》い「田舎《いなか》王様」の燕の文侯は、彼の話によく耳を傾けた。蘇秦はここで初めて、秦の国への対抗策である「合従策」を説き、燕の王様の心を見事に摑《つか》まえた。蘇秦にとっての出世の扉がやっと開かれたわけである。

一国の国王を説得して動かすその手口

蘇秦はいったいどうやって燕の王様を説得し、自らの「合従策」を受け容れさせたのか。ここでは『史記』の記述に基づいて、どこの馬の骨か知れないような一浪人が、れっきとした一国の王様を説き伏せていくプロセスを見てみよう。

燕の王様である文侯に対面するや否や、蘇秦はまず、燕の国勢に対する分析から話を始める。

曰《いわ》く、「燕は土地は二千余里四方、武装の兵は数十万、戦車六百台、軍馬六千頭、穀物は数年間をささえるだけあります。南には豊富な物資が入る碣石《けっせき》と雁門《がんもん》の山の豊かさがあり、北には棗《なつめ》と栗による収益があり、民は耕作をしなくても棗と栗で生活は十分です。これこそ、いわゆる天の宝庫と言うものです」（筆者注：本章での『史記』の現代日本語訳は、水沢利忠著『新釈漢文大系88・史記八〈列伝一〉』明治書院、平成二年二月初版を参照）

このように、外国からやってきた遊説の士の蘇秦は開口一番、燕の王様に向かって燕の国の土地面積や軍事力の実態や物産などについての所見を述べていた。考えてみれば、それはいかにも奇妙なことであろう。燕の王様は外国人の蘇秦から当の燕の国の国勢を教えられるような必要がどこにあるのか、と思われるかもしれないが、じつはそれこそ、蘇秦の常套《じょうとう》手段としてのすごい話術の一つなのである。

当時の一般的知識レベルの低さと情報伝達の手段の貧弱さからすれば、蘇秦が燕の国勢について披露した上述の知識は、一般人にはとうていキャッチできない上級の「国家機密」に属するものであろう。それを一外国浪人の口から淡々《たんたん》と述べられると、それだけで燕の王様の度肝を抜き、彼の気を引くのに十分なのである。

この点から見ても、蘇秦のような遊説の士の本領の一つは、その驚異的な情報収集能力であることが分かる。新聞も図書館も辞典もインターネットもなかったこの時代、一民間人の彼が、遠い外国の燕の国がもつ戦車と軍馬の数を精確に把握しているとは、まさに舌を巻くような「神業《かみわざ》」であろう。この的確な情報収集こそ、「合従の策」という国際謀略の展開を根底から支えるものであった。

もちろん、燕の国勢分析はたんなる前触れにすぎない。それに続いて、蘇秦はこう語った。

「ところで、燕はいままで、敵に侵略されもせず、戦禍《せんか》をこうむることがほとんどなかったわけですが、王様はその理由をご存知ですか。理由はただ一つ、隣国の趙の国が燕の南に障壁としてあるからです。秦・趙両国がおたがいに戦って疲れたからこそ、燕が敵国から侵略されずに済んだわけです」

蘇秦はここで、燕の王様にとっての最大の関心事である自国の安全保障問題を持ち出して、いきなり問題の核心に切り込んでいった。貴方《あなた》の国がいままで侵略されずに安泰であった理由は何だと思うか。それはたんに、隣の趙の国が障壁となって秦からの侵略を防ぎ、そして秦と趙が互いに戦いに疲れただけのことではないのか、と蘇秦は指摘する。

それはあまりにも鋭い指摘である。簡潔な言葉数行で、秦・趙・燕の三カ国の置かれている地政学的な立場と、燕の国にとっての安全保障の核心を見事に摑んでみせた。

しかも、そのことを語るときの蘇秦の態度は、もはや一浪人が王様に恭《うやうや》しく拝謁《はいえつ》するようなものではない。相手を完全に嘗め切って、高いところから教えてやるような傲岸不遜《ごうがんふそん》が丸出しである。蘇秦と燕の王様との立場が完全に逆転したのは、まさにその瞬間である。

蘇秦の口上はさらに続く。

「それでは、秦が燕に攻めてくる場合と、趙が燕を攻撃する場合、どちらのほうが燕にとって脅威となるのかを考えてみましょう。秦が燕を攻めるには、雲中《うんちゅう》と九原《きゅうげん》を越え、代《だい》と上谷《じょうこく》とを通り、道のりを重ねること数千里です。たとえ燕の城や領土を手に入れても、それを守りつづけるのは難しい。だから、秦は燕に危害を与えられない。しかし趙は違うのである。仮に趙が燕を攻めるには、号令を出してから十日たたないうちに、数十万の軍勢が東垣に陣しましょう。易水《えきすい》の川を渡って四、五日たたないうちに燕の都に着くでしょう。つまり、王様が憂慮すべきなのは秦からの脅威ではなく、むしろ趙からの攻撃ではないのか」と。

ここでも蘇秦はまた、いわば地政学的な見地から、燕にとっての安全保障上の脅威の所在を分析してみせた。秦や趙が燕に攻めてくる場合の道順までを克明に描いてみせたから、その分析のリアリティ感はすごく強い。おそらく燕の王様は、秦や趙が攻撃してくるときの恐ろしい場面を想像しながら、戦々恐々《せんせんきょうきょう》として蘇秦の話を聞いていたのであろう。

「なら、燕の国はいったいどうすべきなのか」という次の問題となると、蘇秦はいよいよ肝心の結論を出すのである。

「ですから、どうか王様は趙と『従《たて》の同盟』をお結びください。天下の国々が一つになって秦に当たれば、燕の国にはまったく懸念がなくなるのです」という。

つまり蘇秦は、趙の国と同盟して秦と対抗することを燕の王様に勧めたわけである。しかし、その直前に蘇秦の行なった分析からすれば、その結論はじつに奇妙なものである。彼自身が分析したように、燕にとっての真の脅威は秦の国ではなく、むしろ隣国の趙であるはずだ。だとすれば、燕は趙と同盟して秦に対抗するというよりも、むしろ秦と組んで趙を牽制したほうが戦略的に得策ではないのか。

実際、蘇秦が「合従の策」を説いたのと同じ時期、それとは正反対の国際戦略も案出されている。いわば「連衡《れんこう》の策」である。つまり、弱い国々は各自の存続を図るために強大国の秦と手を組む戦略だ。

しかし、蘇秦はけっして燕の王様に「連衡の策」を勧めようとはしない。むしろその逆の「合従の策」、すなわち諸国が連携して秦に対抗する戦略を勧めた。それはいったいなぜなのか。

じつは、この理由は簡単である。要するに蘇秦自身は、その時点ではすでに「合従策」を説くことを自らの基本方針とし、それをもって諸国を説き伏せようと決めていたからである。だから「合従策」の一環として、燕の王様に趙との同盟を勧めた。

ここがじつはたいへん重要な点である。上述のように、たとえば蘇秦は燕の王様を口説くとき、燕の国勢とその置かれている地政学的な立場に対して非常に客観的な分析をしてみせたが、肝心の結論の部分となると「客観性」はもうどうでもよい。蘇秦はただたんに、「合従策」を説きたい、という自らの主観的な意図に基づいて結論を出しているだけである。

つまり、客観的に見て「連衡の策」と「合従の策」のどちらが燕の国にとって最善であるかは、もはやここでの問題ではない。蘇秦自身は「合従の策」を主張しているから、燕の王様にそれを極力勧めた、というだけの話となるのである。

一浪人の身でありながら、己の勝手な都合一つで論を立てて一国の王様を説き伏せていくところに、まさにこの時代に生きる策士たちの真骨頂《しんこっちょう》がある。

そしてたいへん面白いことに、国際情勢に疎い燕の「田舎王様」は、蘇秦の話を聞いて大いに喜んで、「お前がほんとうに諸国と合従して燕を安全にしようとするならば、私は国をあげてお前のいうとおりにしたい」と言い出したのである。

遊説の士の蘇秦が、初めての大勝利を手に入れた瞬間である。いってみれば彼は、七カ国のなかの最も弱い燕の国から、「合従策」展開の突破口を摑んだのである。

一気呵成の合従同盟結成と夢の大出世

燕の国を「合従」に参加させることに成功した蘇秦は、今度は燕の王様から馬車や軍資金としての黄金・絹などを提供されて、意気揚々と趙の国に乗り込んだ。

そのとき、彼のことを嫌っていた趙の奉陽君はすでに死去していたので、蘇秦は思う存分、趙の王様を説得することができた。

趙を説くその手口は、燕を説く場合とよく似ている。案の定、彼はまず、「趙の地は二千余里四方、武装兵数十万、戦車千台、軍馬一万頭、食糧は数年間をもちこたえる」と、趙の国の国勢についての知識を披露した後、すかさず地政学からの利害分析に入った。

「趙の北に燕の国がありますが、燕はもともと弱国であって恐れるに足りません。問題は、趙の西に秦があり、南のほうには魏と韓の国があります。秦が天下において障害としている国は趙が第一番です。それなのに秦があえて出兵して趙を伐《う》たないのは何ゆえでしょうか。それは韓と魏とが共謀して秦軍の背後を狙うことを恐れているからです。つまり韓と魏は、趙にとって南の防壁です。

しかし逆に、秦が韓と魏を攻める場合には、高山や大川の妨げがありません。次第に侵略していって、国の首都へ攻め入るだけです。そうすると、趙にとっての防壁はなくなるのです。しかも韓と魏とは、秦を防ぎきれなければ必ず秦の軍門に降《くだ》り、属国となるに違いありません。その際、危なくなるのは趙のほうです。ですから私は王様のために心配するところです」

ここでも蘇秦は、説く相手の国の安全保障の核心問題に単刀直入に切り込んだ。趙の国にとって国防上の「防壁」はすなわち隣国の韓と魏だが、この二つの国は逆に秦に攻められやすい立場にある。いったんこの両国が秦に攻め落とされた場合、あるいは保身のために秦に服従してしまった場合、趙の立場はかなり危なくなるのではないかと、趙の国にとっての国防上の最大のアキレス腱《けん》を鋭く指摘してみせた。

そうすると、韓や魏と連携して秦に対抗するのが、趙にとっての最善の安全保障策となるのは火を見るよりも明らかであるが、蘇秦はさらに、より大局な見地から「合従策」の利点を強調する。

「天下の地図によって調べますに、六国の諸侯の領土は秦の五倍、諸国の兵卒を計算しますと秦の十倍あります。六国が一つとなって、力を合わせて西にむかって秦を攻めたなら、秦は必ず敗れます。ここで憚《はばか》りながら王様のために考えてみますと、韓・魏・斉・楚・燕・趙の六カ国を一致させ、そのうえで合従して、その力で秦に対抗するのが最もよいことでしょう」

燕の「田舎王様」とは違って、趙の王様こそ毎日のように国運をかけて国際紛争の最前線で戦っているベテラン政治家のはずだが、自国の国防上の利害関係をそこまで明確かつ冷徹に指摘されてしまうと、さすがの王様ももはや感服するしかない。

「私は年も若く、王位についてからまだ日も浅く、いままで国家の長期の計を聞いたことがなかった。このたび聞けば、貴方は天下を維持し諸国を安定させる考えをもっていることが分かった。私は、謹んで国をあげて貴方のいうことに従おう」

と、趙の王様は畏《かしこ》まって蘇秦の「合従策」への全面的な受け容れを宣言した。

趙の国での工作が成功すると、蘇秦はまた遊説の旅へと発《た》ったが、後はもはや破竹の勢いである。彼は次から次へと韓・魏・斉・楚の四カ国を訪れ、各国の王様に天下の大勢や安全保障上の利害関係を冷徹に分析してみせながら、「合従の策」の受け容れを言葉巧みに勧誘した。

その結果、それらの国々の国王は例外なく彼の主張を全面的に受け容れ、「合従同盟」への参加を正式に表明した。

まさに一気呵成《いっきかせい》の早業《はやわざ》で、蘇秦は六カ国をまとめて秦に対抗するための合従同盟の結成に成功したわけである。

『史記』の記述によると、その後、六カ国は会合して同盟を結ぶことを誓い、力を合わせて秦に対抗する国際体制をつくった。そして蘇秦は推《お》されて合従同盟の長となり、六カ国の宰相を兼任することになったのである。

もちろん、六カ国の宰相となったといっても、蘇秦はべつにそれらの国々の内政に首を突っ込む権限を与えられたわけでもない。せいぜい六カ国の外交は彼に任されたという意味での宰相兼任であろう。

しかしそれにしても、一浪人出身の彼が、天下の七カ国のなかの六カ国の外交を司り、六カ国同盟の長に推されたとは、まさに中国史上前代未聞の大出世である。

蘇秦はこれで夢見ていた地位と名誉を思う存分手に入れた。と同時に、彼は戦国史上屈指の「合従家」として己の名を歴史に残すことができたのである。中国一流の史書である『史記』が、傑出した国王や名宰相・名将などと並んで、彼のための「蘇秦列伝」を書き残したのも、「合従家」としての蘇秦の歴史的地位が不動であることの証拠である。

天下国家を「道具」と見なす功利主義精神の開花

しかしよく考えてみれば、「合従の策」を説くことで成功して、戦国時代の代表的な「合従家」として歴史に残った蘇秦は、べつに最初から「合従策」に拘《こだわ》っていた、というわけでもないのである。

前述したように、諸国で仕官の道を求めて失敗して自家に戻った蘇秦は、自力で「揣摩の術」を案出したのちに、ふたたび諸国を訪ねての遊説に入った。七カ国のなかで、彼が最初にたどり着いて遊説したのは、じつは最強国の秦であった。

そのとき、彼が秦の王様に対して説いたのは、けっして「合従策」ではないことは明らかだ。「諸国が連合して秦に対抗する」という趣旨の「合従策」を、秦の王様に向かって説くようなことは、いくら何でもあるはずはないからだ。

彼が秦の王様に何を説いたのかについて、『史記』での記述は数行しかない簡単なものであるが、そのなかで蘇秦は、秦の王様に対して「天下をひと呑《の》みにして帝と称して治めることができます」と語ったことが明確に記されている。

つまり彼は秦の国に対して、他の六カ国を全部併合して天下を一つに収めることを勧めたわけである。それは明らかに、彼がのちに説く「合従策」の理念とは正反対の戦略であることはいうまでもない。

しかし、秦に行ったタイミングが悪すぎたことが原因で、彼の秦での遊説活動は失敗に終わった。そこで彼はただちに秦を発って、秦と競合する趙や燕などの国々へ行き、「合従策」を本格的に説きはじめたのである。

つまり、秦の国では他の六カ国を併合する戦略を説くが、それが失敗に終わると、蘇秦はただちにその他の六カ国へ行って、秦の併合に対抗するための策を説いたのである。

驚くほどの無節操というべきか、スケールの大きな融通無碍《ゆうずうむげ》というべきか。とにかく、どこかの国の王様に受け容れてもらえるのであれば、どんな策でも自由自在に説いてみせたのは、まさに蘇秦という遊説の士・外交謀略家の真骨頂である。

その際、天下万民にとって、秦による六カ国併合のほうがよいのか、それとも六カ国が連携して秦と対抗する国際体制のほうがよいのか、といった「理想、理念」のレベルの問題は、蘇秦にとって問題でも何でもない。秦やその他の国々の国益も当然、彼の目にあるわけはない。彼が考えていることはただ一つ、要するに、いかにして自分の策をどこかの王様に採用してもらって出世の道を開くか、というそれだけである。

結局、秦による六カ国の併合策であろうと、秦に対抗するための「合従策」であろうと、すべての策も戦略も、蘇秦にとってはたんなる己の地位と名誉を手に入れるための「便宜」にすぎない。そして、天下の七カ国の王様も国益も、彼にとってはたんなる野心実現のための道具以上の何ものでもないのである。

それほど徹底した功利主義の信奉者は他にはないが、いってみれば「合従策」の大家として歴史に残った策士・蘇秦の原点は、まさに己の野心実現のために天下国家を徹底的に利用していくという究極の功利主義精神にあるのであろう。

このような功利主義的志向は、もちろん蘇秦だけのものではない。蘇秦が生きる戦国時代に、功利主義はむしろ一種の普遍的な価値観として広がっていたはずだ。規範と儀礼を重んじる周王朝の衰退にしたがって天下は大乱世の戦国時代に入ったが、このプロセスのなかで周の時代に確立された価値基準や規範が音を立てて崩れ、世はまさに「礼崩楽壊《れいほうがくかい》」の世紀末の様相を呈している。

そのなかで、剝《む》き出しの功利主義が人々の最後の拠《よ》り所とする行動原理となってくるのは無理なことではない。信じるべき理想・理念も守るべき規範も何もなかった時代では、人々は功利と打算に生きていくしかない。そして、秩序の崩れたこの時代、打算に長《た》けた徹底した功利主義者こそが、大いに成功を収めて乱世を生き延びることができるのである。

本章の主人公である蘇秦にまつわる一つのエピソードは、その時代に充満していた功利主義的社会風潮を示すのに十分である。

六カ国の宰相を兼任するまでに出世した蘇秦は、案の定、錦を飾って帰郷することになった。郷里には、蘇秦が失意のときに彼に容赦のない嘲笑《ちょうしょう》を浴びせた親族たちがいる。彼らはいったい、大出世して帰ってきた蘇秦をどう迎えたのか。『史記』はこう記載する。

「蘇秦の兄弟・妻・兄嫁らは目をそらして仰ぎ見ようとせず、うつむいたままかしずいて給仕をした。蘇秦は笑いながら兄嫁に『どうして以前には威張《いば》っていて、今度は丁寧に扱ってくれるのか』といった。兄嫁は這《は》いつくばり顔を地につけてあやまりながら、『貴方が位が高く、お金持ちなのを見たからです』と答えた。それを聞いて蘇秦は、ああとため息をついて、いった。『前の私といまの私とは同一人である。富貴であるときには身近な親戚たちがその私を恐れかしこみ、貧賤であるときには、その私を軽く扱うのだ。世の中はそういうものなのか』」

蘇秦が嘆いたように、やはりこの時代、身近な親戚でさえ、相手が「富貴」であるか「貧賤」であるかとの一点で、人に対する態度を決めているようである。

「どうして以前には威張っていて、今度は丁寧に扱ってくれるのか」という蘇秦の質問に対する兄嫁の答えもじつに面白い。「いまの貴方が位が高くお金持ちだからだ」という簡単明瞭な一言である。言外には、「もし貴方が位が低くお金もないなら、貴方を丁寧に扱うことはしないだろう」とも聞こえるようなセリフだが、要するに蘇秦の兄嫁は、義理の弟である蘇秦に対して、「貴方のことを尊敬している唯一の理由は、貴方の勝ち取った地位と金にあるのよ」と赤裸々《せきらら》に告白したわけである。

これほど正直な告白は他にはない。要するにこの兄嫁の心のなかには、「家族の絆《きずな》」や

「親戚の情」などが入ってくる余地がまったくない。地位と金がすべてなのである。

徹底した功利主義の精神が、蘇秦の兄嫁という一婦人の心にも浸透していることがこの逸話からもよく分かるが、じつは蘇秦自身こそ、まさにこの時代に生きていた最大の功利主義者であるにちがいない。なにしろ、己というただ一人の人間の立身出世のために、彼は天下そのものを道具として徹底的に利用したのだから。

蘇秦に見る中国流外交謀略の原点

一方、蘇秦が諸国の王様を口説くときによく使った言葉の論理構造を見てみると、それもまた、徹底した功利主義の見地からの論法であることがよく分かる。つまり彼はつねに、「こうすれば貴国に利があり、こうしなければ害がある」との一点に絞って論を立て、利害関係への冷徹な分析から相手国の安全保障上の核心問題に切り込んでいくのである。

たとえば前述のように、彼は燕の王様に対しては、隣国の趙と連携すれば秦からの侵略を防ぐ「防壁」を確保できるという「利」があるが、そうしなければ、逆に趙からの脅威にさらされてしまうという「害」があると説いて、「趙と連盟するのか、しないのか」との二者択一を迫った。そして趙の国の王様を口説くときには、趙の隣国である韓の国と魏の国がいったん秦に攻め落とされた場合、あるいは保身のために秦と手を組んだ場合、趙の立場はたいへん危なくなるのではないかという「害」の面を強調して、趙の王様をあっという間に説き伏せてしまったわけである。

諸国を歩き回って弁舌を弄《ろう》する蘇秦の人となりを本心から信頼している王様もいないはずだが、彼らは蘇秦の説得を聞いたのち、一律にそれを受け容れて自国の外交政策の舵《かじ》を「外国人」の蘇秦に任せてしまったのである。

その際、王様たちの決断は、蘇秦個人に対する信用や信頼とは無関係であることは明らかだ。蘇秦の剝き出しの出世欲や無節操さを王様たちが気にしているような気配はまったくない。彼らはただ、蘇秦の説いたあまりにも見事な利害分析に感服して、自国の利得を得るために、あるいは自国にとっての「害」を避けるために、蘇秦の策を取り入れた。蘇秦が己の私欲のために自分たちを利用していると知っていながらも、王様たちは逆に自国の国益のために蘇秦を利用しているのである。

蘇秦とその兄嫁との関係と同様、蘇秦と王様たちのあいだでも、冷徹な利害・打算以外には何もないはずである。

その場合、徹底した功利主義者の蘇秦の説く策が、まさに「利害」という視点から国際情勢を冷静に分析して案出した「功利主義的な国際戦略」であるとすれば、彼の「合従策」を受け容れた各国の王様の決断もまた、いわば「国家的功利主義」の原則に基づいて自国の国益を最大限に守るための合理的な意思決定であろう。

いってみれば、元祖・外交謀略家蘇秦の奔走によって実現された六カ国「合従同盟」は、蘇秦という個人の強い功利主義的出世欲と、各国の王様たちによる功利主義的な国益判断が生み出した産物であるといってよい。中国史上最初の本格的な国際戦略の誕生と実践となった「合従策」の成功は、まさにこのような冷徹な功利主義的な思考と打算の上に成り立っていた。

そういう意味では、冷徹な功利主義的思考と打算、それこそが中国流の外交戦略あるいは外交術の原点をなすものなのである。

このような徹底した功利主義的外交には、「友好」とか「信頼」とか、あるいは「友愛」とかが入ってくる余地がまったくないのは明らかであろう。徹頭徹尾の利害・打算があるのみである。

じつは蘇秦は六カ国の王様を説得するとき、必ずや「臣下の私は王様のために真剣に憂慮している」とか「私は王様のために計ります」といった言葉を口にして、いかにも親身になって王様たちのために計っているような「友好」的な態度を示そうとしている。もちろんそれは、たんなる厚かましい嘘であることは明らかだ。この彼こそは、一時《いっとき》前には秦の王様のところへ行って六カ国の併合を勧めた張本人だからである。おそらく六カ国の王様たちも、このような心にもない「友好」的な言葉を、たんなる社交辞令として聞き流していたのであろう。

しかしたいへん面白いことに、時代が下って二十一世紀、蘇秦の「子孫」たちが相手の対中国外交において、某島国の政治家や外交官は、どうやら蘇秦流の「友好姿勢」を心底から信じているようである。「友好」を信じるあまりに、国益のありどころも国益のための冷徹な打算も忘れて、相手のペースに巻き込まれ、相手の功利主義的な国家戦略達成のために、ただひたすら自国の国益を「奉仕」しているかのように見える。

もし蘇秦が現代に蘇《よみがえ》ってきて、この島国の外交のありさまを見れば、おそらく彼は、「これほど口説きやすく騙《だま》しやすい馬鹿な国があるのか」と吃驚仰天《びっくりぎょうてん》するにちがいないが、彼の「子孫」となる中華人民共和国の外交官たちはただいま現在でも、まさにこの「馬鹿な国」を相手にして気楽な外交戦を勝ちつづけている最中である。

やはりこの島国の政治家や外交官たちは、一度「蘇秦」を真剣に読んでみる必要があるのではなかろうか、と私はつくづく思うのである。

第二章

李《り》斯《し》と趙《ちょう》高《こう》

利口な愚か者たち

策士李斯の離間策と「富貴」への執念

中国の長い歴史において、蘇秦のようなスケールの大きな国際謀略家と並んで、権力の内輪のなかで「権謀術数《けんぼうじゅつすう》」を弄《もてあそ》ぶことだけに長けている人物も多くいる。「謀略家」というよりも「陰謀家」というべき類《たぐ》いの者たちであるが、この国の歴史書を紐解くと、度重なる易姓《えきせい》革命や頻繁な宮廷政変のなかで、人々は狡知《こうち》の限りを尽くして陰謀を巡らし、相手を罠《わな》にはめたり死地に追いやったりして、残酷な権力闘争を勝ち抜こうとする場面には、いくらでも出会うことができる。

こうしたなかで、「権謀術数」というものはまさに人智の極限に至るまで発達してきたわけだが、本書の第二章では、二人の歴史的人物の行状に焦点を絞って、中国の歴史を彩ってきた中国流の「権謀術数」とはいったい何であるかを考えてみよう。

この二人の歴史的人物とは、中国史上最初の中央集権的大帝国である秦王朝の興亡に深くかかわった李斯《りし》と趙高《ちょうこう》である。李斯（生年不詳－紀元前二〇八年）は秦《しん》の始皇帝の天下統一に貢献した策士として歴史に名を残しているが、一方の宦官《かんがん》出身の趙高（生年不詳－紀元前二〇七年）は、「馬鹿」という言葉の語源でもある「指鹿為馬」（鹿を指して馬となす）の故事で有名となった人物である。

秦王朝のわずか十五年間の治世において、この二人は相次いで最高の官位である丞相《じょうしょう》のポストに就《つ》き、この大帝国の政治中枢を握る立場になった。じつはこの二人ともは、中国史上でも稀《まれ》に見る権謀術数の達人なのである。

李斯はもともと秦の人ではない。時は戦国時代、秦の国を含めて七つの国が併存して競合しているなか、彼はそのなかの一つである楚の国の出自である。『史記』の「李斯列伝」によると、彼は楚の国の上蔡《じょうさい》の出身である。若いころから青雲の志を抱いて故郷を出て、天下の大学者である荀子《じゅんし》に師事して政治術を学んだという。そして、学業を終えたのちに、彼は祖国の楚に帰らず、当時最強の大国である秦へと赴き、異国の秦に仕えようとしたのである。

彼は秦へ赴こうとするとき、自らの決意の理由を次のように熱っぽく語ったと、『史記』が記述している。

「いまの天下の形勢を見るに、最も優勢なのは秦で、天下を併合してこれに君臨しようとする勢いを示しております。いまこそは無冠無位の者にとって絶好のチャンスです。……人間であるからには、地位の低いほど恥ずかしいことはなく、貧乏なほど悲しいことはないはずです」と。

この陳述からも分かるように、彼はまさに貧乏生活から脱出すべく、地位と富を求めて「優勢」な秦に仕えようと決心した。「地位と富」への並々ならぬ意欲こそは、彼という稀《き》代《だい》の策士の原点でもある。

そういう意味では、李斯と前章の主人公の蘇秦とは、まったくの同類なのである。

そして秦に入って王様に進言できる立場に伸し上がると、李斯はさっそく秦王政《せい》（のちの始皇帝）に対して、謀略と武力をもって他の六カ国を滅ぼして天下の統一を図ろうと献策した。

この献策が受け容れられたと同時に、李斯自身は秦王政によって長史（大臣副官）に抜《ばっ》擢《てき》され、対六カ国謀略工作の中心人物となった。それ以来、彼はまさに策士の本領を思う存分発揮して諸国を滅ぼすための計略を次から次へと実行に移していったのである。

『史記』の記述によれば、その謀略の概要はこうである。

「ひそかに策謀の士に金銀財宝をもたせて、六カ国諸侯のもとへ工作員として送り出した。諸侯の重臣のうち、金でころぶ者には賄賂《わいろ》をつかう。協力を拒む者は剣で刺殺する。こうして君臣を離間させたうえで、優秀な将軍を派遣し、武力行使に移るというわけである」

要するに李斯による天下統一のための謀略の中心は、すなわち「金銀財宝」を使っての賄賂である。相手国を武力で滅ぼす前に、まずこの相手国の重臣たちに賄賂を送るのだ。

もちろんその場合、諸国の重臣たちの多くは、賄賂を手に入れるために国を裏切るのを辞さない「金の亡者《もうじゃ》」であるからこそ、このような謀略が功を奏したわけだが、よく考えてみれば、謀略を使う側の李斯自身も、やはり富と地位を手に入れるために異国の秦に仕えたという「金の亡者」以外の何ものでもない。似た者同士だからこそ、相手の気持ちがよく分かるのであろう。

このケースからも分かるように、「金の亡者」同士の騙し合いというのは、いわゆる中国流権謀術の第一の特徴である。

李斯はこのような対諸国の謀略を次から次へと成功させながら、秦の王朝における自らの地位を守るにも抜け目のない人間である。

同じ時代には大思想家の韓非子《かんぴし》がいた。以前、李斯と一緒に荀子《じゅんし》の門下で学んだ人物である。ある日、秦王政は韓非子の書物を読んで大いに感心して、「このような人物に一度会えれば死んでもよい」と、韓非子にすっかり惚《ほ》れ込んだ。その後、秦王政はあの手この手を使って、とうとう韓非子を秦の宮廷に引っ張り出してきた。彼を天下統一の指南役として重用しようとしたのである。

しかし李斯にとって、それは当然面白くはない。自らの地位を脅かすような由々《ゆゆ》しき事態なのである。彼はさっそく秦王政に讒言《ざんげん》して韓非子を投獄させたうえで、ひそかに獄中に毒薬を送り、韓非子に自殺を迫った。李斯の讒言を受けた秦王はその直後に思い直して韓非子を赦免しようと獄中に使者を出したが、韓非子はすでに李斯の手で死した後だったのである。ライバルを消すための李斯の謀略は、まさに電光石火の早業だった。

自らの地位を脅かすことになりそうなライバルが現れれば、それが同窓の旧友であろうと無実の人間であろうと、あらゆる手段を使って迅速に葬り去ろうとするのは、中国古来の権力闘争における権謀術の鉄則の一つなのである。

こうして地位を固めた李斯は、引き続き秦の六カ国攻めの謀略に全力を挙げていったが、秦の国はやがて李斯の出身国の楚を含めた六カ国を全部滅ぼして念願の天下統一を達成した。

秦帝国の樹立後、李斯はさらに丞相という最高の官位につき、秦の始皇帝を輔佐《ほさ》して、この史上初めての大帝国の統治にあたっていた。そのときの彼は、もはや「初志」を貫いたかたちで、念願の「地位と富」のすべてを手に入れていたのである。

秦帝国の崩壊を決定づけた驚天動地の大陰謀

しかし、有頂天に達した彼の人生もやがて転機を迎える。天下統一の十一年後、秦の始皇帝はその国内巡幸の途中で死ぬことになる。始皇帝の死を契機に政治の表舞台に登場してきたのは、李斯生涯最大のライバルで、李斯以上に権謀術数に強い宦官の趙高である。

趙高はそのとき、中車府令《ちゆうしやふれい》の官職について皇帝に付き添う側近中の側近の立場にある。彼は始皇帝の巡幸に随行してその身辺のいっさいの管理にあたっている。丞相の李斯と、始皇帝の最愛の末子の胡亥《こがい》も、このたびの巡幸に随行している。

そして、当の始皇帝が巡幸の途中で病死してしまうと、そのときに生じてくるのは当然、誰を次の皇帝の椅子に据えるかの問題である。

始皇帝には長男の扶蘇《ふそ》という公子がいる。彼は性格が温厚で人望の厚い公子である。有名な「坑儒《こうじゆ》」事件が起きた際、扶蘇は身を挺《てい》して父皇を諌《いさ》めたことから、怒った始皇帝は彼を、大軍を率いて北方の国境の守備を務めていた名将・蒙恬《もうてん》の監督という名目で、北の荒漠へと追放した。しかし自らの死を目前にして、さすがの始皇帝もやはり誰に後を託すべきかがよく分かっている。彼は自ら筆をとって遺詔《いしよう》をしたためて、扶蘇を後継者に選んだ。帝国の行く末を案じての当然の選択である。

しかし不運なことに、それを詔書として発する前に始皇帝が死に、遺詔と皇帝の玉璽《ぎよくじ》が側近の趙高の手に入った。

そこで、趙高は動き出したのである。じつは趙高は始皇帝の側近であると同時に、末子の胡亥の教師であり後見人でもある。彼は始皇帝死後の自らの地位を守るためには、なんとしても胡亥を皇位に就かせたい。先帝の始皇帝がすでに扶蘇を選んだにもかかわらず、そして胡亥という人物は誰の目から見てもけっして皇帝を務められるような器《うつわ》でないにもかかわらず、趙高はいっこうに構わない。胡亥が新しい皇帝となれば、彼自身はまさに皇帝の後見人として権勢を振るうことができるのだ。そのために、一介の宦官の趙高は、先帝の遺命に背《そむ》いて天下を欺《あざむ》こうと決心した。

それを実現するためには当然、胡亥本人と丞相の李斯から協力を取り付けなければならない。

趙高はまず、自分の教え子である胡亥を口説いた。「もし先帝の遺詔のとおり、扶蘇さまが次の皇帝となれば、貴方には一片の土地も残りませんよ。それでもよろしいですか」と、一言半句《いちごんはんく》で胡亥を味方につけた。

趙高は、今度は李斯のところにやってきた。「扶蘇さまが皇帝となれば、関係の親しい蒙恬のほうが次期丞相になるにちがいないから、貴方は免ぜられることになるでしょう」

との口上で李斯の説得に取りかかった。

李斯は最初のうち、「忠臣でありたい私は、利害損得に心を奪われてそんな策謀に加担することはできない」と拒んでみせたが、李斯の人となりをよく知っている趙高はもちろん、このような建前上のきれいごとに惑わされることはない。「大義名分」に関するやりとりをいくつか交わしたのちに、趙高はようやく本題に入り、「私の計画に賛成してくだされば、貴方は長く封侯の地位を保ち、末代まで富貴を享受することができるが、お聞き入れにならないとすれば、禍《わざわい》はご子孫にまで及びましょうぞ」との殺し文句を吐いたのである。

そうすると、李斯は天を仰いでため息をつくふりをしながら、すんなりと趙高の策略に加担すると同意したと、『史記』が記述している。

こうなったら、後のことは簡単である。趙高は始皇帝の親筆の遺詔を握りつぶしたうえで、胡亥・李斯と三人で始皇帝の詔命を受けたと偽って胡亥を二世皇帝に就けた。彼らはさらに、公子扶蘇と将軍の蒙恬に死を賜わるという始皇帝の遺詔を偽造して、この二人に届けた。親であり皇帝である始皇帝の命令に絶対服従の扶蘇は、それこそ天を仰ぎながら自らの命を絶った。

秦帝国の皇位継承をめぐるこの驚天動地の大策謀が、こうして完遂されたのである。

それからわずか四年後に、金城鉄壁のように見えたこの巨大帝国は跡形もなく崩壊してしまうのだが、じつはこの密室中の政変こそが秦帝国滅亡の近因の一つであるとは、歴史上の定評である。野心家の趙高の手によって暗愚無能な胡亥が二世皇帝になったこと自体が、まさに王朝崩壊の始まりなのだ。

だとすれば、秦王朝崩壊の発端をつくったのは、ほかならぬこの王朝の重臣の趙高と李斯の二人なのである。秦王朝の二世皇帝を決めるという国家の興亡にかかわる一大事にあたって、王朝の大黒柱であるはずのこの二人は、国家安泰のためにという視点から物事を考えた痕跡はまったくない。扶蘇と胡亥のどちらを皇位に就ければ王朝の安定にとってよいのかがすでに自明なことになっているにもかかわらず、彼らは陰湿極まりない策謀を巡らしてまで、まったく正反対の意思決定を行なった。すべては、彼ら自身の地位の安泰や野心実現のためである。

この国の歴史において、陰謀とはいったい何か、権謀術数とはいったい何のためのものなのか、というようなことが、まさにこの中国史上初めての皇位継承劇において余すところなく露呈されたのである。

共謀者は殺すべきものである

重臣の李斯や趙高たちが私利私欲のための権謀術数を弄んでいるあいだ、秦帝国の統治基盤はすでに崩れはじめていた。始皇帝による十一年間の暴虐極まりのない悪政のため、民衆の憤懣《ふんまん》と不満はすでに頂点に達していたが、カリスマの始皇帝が死んでしまうと、政治的不安がますます高まった。

そして、始皇帝死後の翌年、農民一揆の領袖《りょうしゅう》である陳勝《ちんしょう》と呉広《ごこう》が立ち上がるのを発端にして、蜂起《ほうき》の火の粉があっという間に全国に広がり、秦帝国崩壊の秒読みが始まった。

そのなかでも、趙高たちはあいかわらずの調子で、宮廷内の権力闘争に明け暮れる毎日を送っていた。胡亥の皇位継承に対して、他の公子たちが不服を抱いているのではないかと恐れた趙高は、二世皇帝と謀《はか》って諸公子とその周りの重臣たちを次から次へと殺していった。あげくの果てには、政治とは無関係であるはずの胡亥の姉妹の公主たちをも磔《はりつけ》の刑に処した。始皇帝の二十数名の子のうち、胡亥自身を除いて全員が葬られたのである。

趙高の陰謀と殺戮《さつりく》はそれでも止まらない。次の標目となるのは、かつての陰謀の加担者であり、いまやそのライバルとなっている丞相の李斯その人である。

遊楽にふけっていて、反乱が全国的に広がっている現実にまったく無認識の皇帝胡亥に対して、丞相の李斯はその立場上、しばしば強く諫めたことが逆に胡亥の不興を買った。それを好機だと見た趙高は、さっそく胡亥に讒言して李斯に謀反《むほん》の罪を被《かぶ》らせた。後は二世皇帝の命令一つで、帝国の丞相であるはずの李斯はあっという間に牢獄に送られて、その一族全員に死罪を宣告されたのである。

一代の策士である李斯は、こうして自らが陰謀に加担して皇位に就かせた胡亥の手によって、そして自らが権謀術数を駆使してつくりあげたこの秦帝国の罪人として、その一族とともに斬殺された。

李斯はその一族とともに刑場へと引きずられていったとき、隣に居合わせた次子をふりかえってこういった。

「上蔡（李斯の故郷）にいたころ、お前と一緒に赤犬をつれて東門の郊外でよく兎狩りをしたものだ。もうあんなこともできないのだなあ」

李斯がここで懐かしんだ「上蔡にいたころ」とは当然、彼が青雲の志を抱いて秦に仕官に来る前の話だった。「富と地位」を求めて一途に奮闘してきたこの男は、その悲惨なる最期において、どうやら自分の策士としての謀略人生の無意味さを悟ったようである。

李斯が消されると、趙高は彼にとってかわって丞相の椅子に座った。皇帝の胡亥はただの遊び好きな暗愚者だから、秦帝国の最高権力は事実上、趙高に握られることになった。一宦官出身の彼は、前任の李斯と同じく、まさに権謀術数を唯一の武器にして障害物のすべてを取り除き、かの始皇帝のつくりあげた「全財産」をそのまま手中に収めたわけである。一世の雄である始皇帝が黄泉《よみ》の国からこのような光景を眺めていたら、いったいどれほど情けない思いをしただろうか。

策略の達人が策略にはまって身を滅ぼしたとき

趙高が権力の頂点に立ったそのとき、秦帝国そのものの崩壊はすでに目の前に迫っていた。李斯が殺されて趙高が丞相となったこの年の冬、項羽《こうう》の率いる反乱軍が「破釜沈船《はふちんせん》」の一戦（後述）で秦の主力部隊を殲滅《せんめつ》したことで、王朝の滅亡はもはや時間の問題である。

その翌年になると、劉邦《りゅうほう》の率いる反乱部隊がいよいよ秦帝国の本拠地である関中《かんちゅう》地方へと攻めてきた。それでたいへんまずいこととなったのは趙高である。いままで全国各地から反乱拡大や政府軍敗戦に関する報告が上がってくると、丞相の彼はそれらをすべて握りつぶして、皇帝の胡亥に対しては「たんなる盗賊騒ぎにすぎない」と誤魔化《ごまか》していた。

しかし今度は「盗賊」たちが大軍と化して畿内の玄関口までに攻めてきたのだから、もはやそれ以上誤魔化すことができない。暗愚であるはずの胡亥もやがて異変に気がついて、

「盗賊がいっこうに減らないのはいったいなぜか」と、丞相の趙高に問い詰めてきた。

趙高は朝廷の全権を握ったとしても、建前上はしょせん臣下の身である。皇帝の胡亥がその気になれば、彼を窮地に追い詰めることはまったく不可能であるわけでもない。だとすれば、趙高は自らの地位を万全なものにするために、もう一つ大胆なことをやってしまうしかない。それはすなわち、皇帝の胡亥を消すことである。

大胆不敵な趙高は、まさにそのとおりに行動した。彼はその娘婿の咸陽令《かんようれい》（首都咸陽の長官）である閻楽《えんらく》に命じて、吏卒《りそつ》千人余りを率いて宮中に乱入させ、二世皇帝を亡き者にした。いままで強敵の一人ひとりを罠にはめて葬り去った趙高にとって、無能な皇帝一人を消すのは何ほどのことでもない。中国史上初めての皇帝弑逆《しいぎゃく》が、こうして断行されたのである。

二世皇帝を消してしまったのはよいが、後は次の皇帝を立てなければならない。宦官の身である趙高自身はいくらなんでも皇帝にはなれないから、彼は二世皇帝の兄の子であり、始皇帝の孫にあたる公子嬰《こうしえい》を担ぎ出した。しかし今度は、全国的反乱によって秦はすでに大半の土地を失い、いまや本拠地の関中地方しか保有していないという理由で、公子嬰を皇帝にではなく、秦王に立てたのである。おそらく趙高自身にとっても、担ぐ者は皇帝ではなくただの王であるのがむしろ好都合だったのであろう。

その一方、趙高はすでに秦王朝の将来に見切りをつけて、反乱諸侯の総本山である楚の国に内密に通じている。秦の王朝を売り渡すその代価として、自分を関中の王に封じてもらうよう工作しているのである。

自分とその一族の地位と私利を守るためには、どこまでも抜け目のない男なのだ。しかしその後すぐ、一族全員斬殺の悲惨な運命が、やがて謀略と殺戮専門の彼自身の身に降り掛かってくるとは、すべてを計算し尽くしたつもりのこの稀代の策士は、いまだに分からずにいたのである。

秦王となった公子嬰は、宗廟《そうびょう》において即位礼を行なうために、まず斎宮《さいぐう》に入って五日間の潔斎《けっさい》をする。その五日目に、公子嬰は二人の息子を呼んで相談した。

「丞相の趙高は二世皇帝を殺した。そのため群臣から誅殺《ちゅうさつ》されるのを恐れて、表向きをとりつくろうため、私を王にしたのだ。聞けば、奴は楚と密約して秦の宗室を滅ぼし、自分が関中の王になろうとしている。いま、奴は私に宗廟で儀式をあげよといっているが、これは、儀式にことよせて私を殺そうという企みにちがいない。私はこれから仮病を使うことにする。そうすれば、奴はきっと業《ごう》を煮やして自分でやってくる。そこで彼を殺してしまうのだ」

公子嬰ははたして、その策略どおりに仮病を使って斎宮から一歩も動こうとしない。案の定、趙高はみずから催促に出向いてきた。

公子嬰はその場で、彼を一刀のもとに切り捨てた。もちろん、趙高の一族全員をことごとく処刑して、咸陽の市中でさらし首にした。

宦官の身から伸し上がり、謀略の限りを尽くして一大帝国を乗っ取ってきた趙高にしては、あまりにも呆気《あっけ》ない最期であった。策略の達人であるはずの彼が、一若僧の公子嬰の策略にこうも簡単にはめられて身を滅ぼしたとは、まさに天下の笑い者である。

利口なのか、馬鹿なのか、中国の策士たちの悲劇

趙高が殺されたわずか一カ月半後に、劉邦の率いる反乱軍が関中地方に入り、秦王の公子嬰に降伏を迫った。もはやこれまでと観念した公子嬰は、礼式にのっとって首に紐をかけ、喪服を着用し、玉璽《ぎよくじ》を報じて降伏したのである。

その一カ月後、項羽の大軍も関中に到着した。彼は降伏した公子嬰を殺したうえで、秦帝国の壮大な宮殿を炬《きよ》に付した。『史記』の記述によると、宮殿が焼き尽くされるまで、火は三カ月間も燃えつづけたという。

こうして、李斯や趙高が人智の限りを尽くして凄まじい権力闘争を展開した舞台としての秦帝国そのものは、跡形もなく瓦解土崩《がかいどほう》した。もちろん、当事者の彼ら自身も、とっくに朝露のごとく消え去っている。

ここに至るまでの策士の李斯と趙高の行状と、彼ら自身の迎えた結末を一度ふりかえってみると、彼らが得意とするところの権謀術数とはいったい何だったのだろうか、と考えさせられるものがある。

いままで見てきたように、この二人の稀代の策士が苦心惨憺《くしんさんたん》して策を弄してきたことのすべては、彼ら自身の栄達富貴と野心実現のためである。自らの利益を最大限に求めてそれを守り抜いていこうという点においては、二人とも抜け目がない。彼らほど利口な人間は他にいないのである。そして、その数々の権謀術の巧妙さからいえば、頭の良さにかけては、彼らは紛れもなく第一級の知恵者である。

しかしながら、彼らが権謀術数を駆使して自らの利益を求めて利口に行動してきたその最終の結果は、むしろ彼ら自身の破滅と一族の皆殺しである。利口者であり、知恵者であるはずのこの二人のいずれも、このような悲惨な結末から逃れることができない。いや、というよりもむしろ、彼らによる利口な打算と人智を尽くした権謀術数こそは、彼ら自身の破滅を招いた原因なのである。

始皇帝の死に際して、丞相の李斯は、まさに己の保身と地位維持という利口な打算のために宦官趙高の陰謀に加担して、権謀術数を弄して温厚な扶蘇を死に追いやり、暗愚な胡亥に皇位を継がせた。しかしその結果、陰湿な策士の趙高は李斯のライバルとして台頭し、暗愚な胡亥は李斯の生殺与奪《せいさつよだつ》を決める皇帝となった。李斯の運命も事実上これで決まった。つまり、胡亥・趙高の悪者コンビが権力を握った時点から、邪魔者の丞相李斯はすでに葬られる運命にあったのである。

新しい皇帝を決めるときの、李斯という策士の保身的な打算は、じつに彼の破滅の種をまいた最大の愚挙ではないのだろうか。彼という利口者こそは、まさに本物の愚者ではないのだろうか。

趙高もそうであった。彼は自らの立場を万全にするために、二世皇帝の胡亥を弑して公子嬰を秦王に立てた。そして今度は、彼はこの公子嬰の手によって切り捨てられ、一族全員が斬殺された。彼と彼の一族の破滅はそのまま、彼自身の策略の招いた結果であった。策士の李斯と同様、この趙高もまた、正真正銘の愚か者なのである。

李斯と趙高の愚かさは、じつはそれだけのものではない。

彼らの行状の数々を点検してみればよく分かるように、彼らは秦帝国の重臣の身でありながら、陰謀を企んで政治を動かしたときに、帝国のためにと考えたことは一度もない。そして、彼らの企んだ陰謀の一つひとつは、ことごとく秦帝国崩壊の要因をつくったり、その崩壊を早めたりした結果になっているのである。

人望のある扶蘇を殺して暗愚な胡亥を二世皇帝に据えたことが、帝国崩壊の近因をつくった最大の事件であることはいうまでもない。いざというときに皇室の助けとなるはずの公子たちを全員葬り去ったことも当然、帝国の弱体化につながったはずである。そして、反乱が全国的に広がって帝国の土台がすでに崩れはじめたその肝要なとき、朝廷の中枢においていて、皇帝の後見人である趙高が政治の要《かなめ》であるはずの丞相李斯を消すための陰謀に動いたとなれば、帝国の崩壊はもはや避けられない事態なのだ。

李斯と趙高がそれほどの権謀術を駆使して陰謀を巡らしたのは、全部彼ら自身の地位の安泰を計るためであるというのは前述のとおりだ。しかしよく考えてみれば、彼らの地位と富貴栄達はすべて、秦帝国という大きな土台の上に成り立つものである。秦帝国があっての皇帝後見人であり、秦帝国があっての丞相李斯なのである。

しかし当の李斯と趙高は、このことをまるっきり分かっていないようである。自らの富貴栄達を守るための彼らの陰謀の一つひとつが、秦帝国を破滅へと導く結果に終わったのであれば、彼らは事実上、人智の限りを尽くして自らの成り立つ土台そのものを崩していったことになったのではなかろうか。

稀代の策士であるこの二人は、ほんとうはたんなる「利口な愚か者」なのである。

このような哀れな愚かさは、李斯と趙高の二人で終わるものではない。秦帝国が崩壊してからの二千二百年以上の中国史において、「利口な愚か者」としての策士や陰謀家の出現は後を絶たない。いってみれば、「人智を尽くして自らの成り立つ土台を崩していく」というのは、いわば中国流権謀術もしくは「中国的知恵」の重要な一面となっているのである。

第三章

劉《りゆう》邦《ほう》と項《こう》羽《う》

無頼漢と貴族的英雄の対決

社会底辺出身の無頼漢、劉邦

前章の李斯と趙高に続いて、中国の歴史に登場してくる大謀略家の一人は、すなわち漢《かん》高祖の劉邦《りゅうほう》である。彼はもともと、李斯や趙高と同時代に生きる秦帝国の臣民だったが、秦帝国の崩壊後、漢帝国を創始して初代の皇帝となった人物である。

秦帝国の末期には多くの英雄たちが立ち上がって、あちこちで反乱の狼煙《のろし》を上げた。劉邦（紀元前二五六年？－前一九五年）はそのなかの一人であり、本章のもう一人の主人公の項羽《こうう》（紀元前二三二年－前二〇二年）もその一人である。そして秦帝国が潰れた後には、今度は項羽と劉邦とのあいだで天下取りの争いが起きたが、最後の勝利を収めたのはやはり劉邦だった。

じつは敗れたほうの項羽こそは秦帝国潰しの最大の功労者であり、秦帝国崩壊後には最大の勢力を擁していた、いわば英雄のなかの英雄である。しかし結果的には、劉邦が項羽を打ち破って天下を手に入れた。それはいったいなぜなのか。

最大の理由の一つはやはり、項羽という人物は「謀略」というものにまったく無頓着であるのに対し、劉邦のほうはじつに謀略に長けていたことにある。要するに謀略家は謀略をもって本物の英雄に勝った、という構図であるが、本章ではまさにこの構図のもつ意味を掘り下げて、いわば中国流の謀略の特質を見てみよう。本来、項羽は「謀略家」とはまったく無縁の人物であるが、ここでは劉邦という正真正銘の謀略家の対比として登場させたわけである。

まず、勝者となった謀略家の劉邦から見てみよう。

劉邦という人物は本《もと》を正せば、その出自はじつに卑しいものであった。かの有名な司馬《しば》遷《せん》が『史記』の「高祖本紀《こうそほんぎ》」として劉邦の伝記を書いたが、そのなかで、劉邦の父母について「父は太公《たいこう》といい、母は劉媼《りゅうおん》という」と記している。「太公」とはすなわち「おじいさん」という意味で、「劉媼」とはすなわち「劉婆さん」の意味だが、要するに劉邦の両親は名前すらもたない百姓であったので、「じいさん」「婆さん」と称する以外に呼びようがないのである。

もちろんその時代、百姓のなかにも立派な人間はいる。かつて孔子様も、「十軒ばかりの村里にも、私ぐらいの忠信の人はきっといるだろう」と述べていたから、名もなき農民の出自であっても「忠信」のある人間に育ったケースも多くあるのであろう。

しかし、劉邦の場合は違う。のちに皇帝になってから、彼は一度父の「太公」に向かってこういったことがある。「昔親父は、よく俺のことを家業も治めない無頼《ぶらい》だと馬鹿にしていたなあ」というのだが、この文句の一つからも、青年時代の劉邦がいったいどういう人間だったのかがよく分かってくるだろう。要するに、下級階層出身の無頼漢という、中国社会のなかで一番質《たち》の悪い人種なのである。

正業にいっさい従事しない彼は、壮年になってからやっと、「亭長《ていちょう》」という地方行政の末端の治安を担う役職についた。そのときの劉邦の行状について『史記』がこう記述している。「役所中の役人で、彼を軽蔑しない者はいなかった。酒と女色を好み、つねに王婆さんと武婆さんの店で、付けで酒を飲んでいた」。いってみればこの「劉亭長」というのは、田舎のやくざが何かの間違いで警察官になったかのような類いだったのである。

その大胆厚顔の無頼漢ぶりを語った一つのエピソードが『史記』にある。

ある日、沛《はい》の県令（県の長官）が、呂公《りよこう》という他所《よそ》から訪ねてきた友人のために宴会を開いた。予想以上に多くの賓客が殺到したため、宴会の世話係が「進物が千銭に満たない人は、末席のほうにお座りください」と申し渡したところ、一銭ももたずしてやってきた劉邦は、なんと自分の名刺に「祝儀、一万銭也」と書いて差し出した。彼はそれで、上座に迎えられて貴賓の呂公の隣に座り、目当てのただ酒にありつけたわけである。

このような劉邦だったのだが、やがて四十歳になったとき、さまざまなやむを得ない理由により秦王朝に対する反乱の列に加わることになった。彼はそれで、天下取りへの第一歩を踏み出したわけである。

貴族武士の家系をもつ快男児、項羽

ほぼ同じ時期に秦朝への叛旗《はんき》を翻《ひるがえ》した項羽は、劉邦とはまったく異なった生い立ちの人間である。

彼の出自は、「戦国七雄」の一つである楚《そ》の国の将軍の家系である。楚の国が秦によって滅ぼされたのは項羽が九歳のときだったから、彼は子供の時代、この将軍系の家庭環境のなかで育ったものであろうと推定できる。そして楚が滅んでからも、彼は叔父の項梁《こうりょう》に育てられ、少年時代から剣術や兵法を教わり、いわば武人の子として成長していった。

楚の国は、中国大陸の揚子江《ようすこう》流域に位置している。文明発祥地であった黄河流域の中原《ちゅうげん》からみれば、それはまさに文化の後《おく》れた「蛮夷《ばんい》の地」であるが、それだけ、いわば質実純朴の気風がまた色濃く残されている。楚の人の「馬鹿正直さ」は、つねに中原の「文明人」の嘲笑の的となっていた。

その一方、楚の人々は中原の先進文化を熱心に吸収したうえで、「楚文化」として知られる特色ある地域文化をつくりあげていた。ときには浪漫的な幻想に満ちて、ときには悲《ひ》憤慷慨《ふんこうがい》の絶唱を放つ詩集の『楚辞《そじ》』は、楚文化の生み出した最高の傑作であろう。そこに見られる「蛮夷の民」たちの天真爛漫《てんしんらんまん》さと気品の高さこそは、楚の精神文化の真髄たるものである。

また、楚の国は戦国群雄のなかで貴族社会の解体が最も遅い国であったから、その支配階層としてのエリート層においては、古風な「士」としての貴族的な人間精神や気風が国が滅ぶまで生きていた。楚の国の草創期に、貴族の長である昭王《しょうおう》という王様が、同時代の孔子から「道の大本を知る人」だと絶賛されことからも、この国の「士」はじつに立派な人間たちだったと推測できよう。衰退期になっても、滅んでいく祖国の行く末を憂えながらわが心の高潔さを貫くために汨羅《べきら》の川に身を投じた有名な屈原《くつげん》はまた、楚の国の「士」の代表格の一人である。もちろん、屈原のような文人官僚のみならず、項羽の出自となった武人の将軍の家系の人々もやはり、このような貴族的「士」の気風に染まっていたはずである。

このような出自と社会的背景をもって生まれ育った項羽という人間は、その人となりといえば、それこそ楚の国の生み出した貴族的武人の塊のようなものである。

彼はいかにも勇猛《ゆうもう》果敢《かかん》にして行動力があり、直情明快にして豪壮な好男子であった。紀元前二一一年、彼が二十二歳のとき、江南地方を巡回した秦の始皇帝の行列を見たことがある。そのとき、天下の独裁者の始皇帝は一般の庶民にとってまさに神様のような恐れるべき絶対的な存在であることはいうまでもないが、二十代そこそこの一浪人にすぎない項羽は、この中国史上最初の皇帝の行列に向かって、「こいつは取って代わるべきだ」と叫んだという。なんという無邪気な大胆さであろうか。

それから二年後の紀元前二〇九年、項羽はやがて叔父の項梁とともに祖国の「楚」の旗を掲げて、始皇帝のつくった大帝国に対して反乱の兵を起こした。翌年に叔父の項梁が戦死したのち、二十四歳になったばかりの項羽は、楚軍の主力部隊の大将に推されて、秦の正規軍と戦う先頭に立ったのである。

「破釜沈船」で示された項羽の英雄気概

紀元前二〇七年の秋になると、秦王朝への反乱戦争はいよいよその決戦段階を迎えた。項羽はそこで、その「抜山蓋世《ばつざんがいせい》」の英雄気質を世に示す絶好のチャンスに恵まれたのである。

そのとき、秦軍の総大将である名将の章邯《しょうかん》将軍は、秦の精鋭主力部隊の三十万人余の大軍を率いて黄河の北に位置する鉅鹿《きょろく》（河北省平郷県）に駐屯していた。黄河の南から進撃してくる項羽の楚軍はその四分の一に満たず、七万人程度であった。しかも、十分な訓練もできていない新米兵隊ばかりだった。

しかし項羽は何の躊躇《ためら》いもなく、自ら全軍を率いて黄河を渡った。

項羽軍はここで、たったいま乗ってきたばかりの渡し船を全部沈めて、兵舎の天幕をいっせいに焼き払わせた。そして、三日分だけの携帯兵糧《ひょうろう》を用意してから、炊飯用の鍋や釜を一つ残らず打ち壊した。項羽とその兵たちはこうして、生きて帰ろうとはしないという必死の決意を示したうえで、章邯の大軍にぶつかっていった。

その結果はもちろん、項羽の率いる楚軍の大勝であった。

じつはそのとき鉅鹿周辺には、楚軍以外にも、秦に反旗を翻した他の旧諸侯たちの率いる反乱軍がすでに到着していた。しかし、死ぬ気で秦軍にぶつかって戦ったのは、項羽の楚軍だけであった。

そのときの戦いの光景を、『史記』はこう記述している。

「当時、鉅鹿に駆けつけた諸侯の軍は、十数カ所に砦《とりで》を築き、いずれもそこに立て籠って一歩も出ようとしなかった。秦軍との戦いが始まっても、それぞれ砦の上で高みの見物を決め込んでいたのである。にもかかわらず楚の兵は、一人で十人を相手どる奮戦をした。あたり一帯に楚兵のあげる雄叫《おたけ》びがこだまし、そのすさまじい戦いぶりを、諸侯はただ息を呑んで見つめるばかりだった」

この一戦での輝かしい戦勝は、反乱諸侯における項羽の盟主的地位を不動のものにしたと同時に、彼の英雄としての名声を歴史に刻むのに十分だったのである。

そして筆者の視点から見れば、この一戦の最大の見所は、むしろ項羽軍が戦いの前において決死の決意を示すためにとった破天荒《はてんこう》な行動だったのではないかと思う。日本語にもある「破釜沈船」の四字熟語の出処となったこの行動こそは、項羽という貴族武人の英雄気質を端的に表わした壮挙だからである。自らの退く道を断ったうえで果敢に死地へと向かうその意地とその気概とその達観は、名誉を守るために淡々と決闘に臨むヨーロッパ貴族の騎士道精神や、「武士道と云ふは死ぬ事と見つけたり」と説く日本の武士道精神と相通じる、まさに高貴なる精神なのである。

鉅鹿の一戦で秦軍の主力部隊が壊滅させられると、秦朝の崩壊はもはや時間の問題である。盟主となった項羽はそれから、四十万人の規模に膨らんだ大軍を率いて、秦王朝の本拠地の関中地方へ向かった。彼の進撃を邪魔するものはもはや何もないはずである。

しかし、関中地方の入り口である函谷関《かんこくかん》にさしかかったとき、思わぬ事態が起きた。項羽軍の進路は、一人の男の差し向けた守備軍によって阻まれたのである。

この男がすなわち、あの無頼漢出身の劉邦である。

「鴻門の宴」、権謀術数を知らぬ項羽の悲劇

秦王朝に対する全国的な反乱が起きるなか、亭長の劉邦も、地元の任侠《にんきょう》や下級官僚などからなる仲間たちを率いて反旗を翻した。彼らの軍は弱小勢力であったため、ろくに戦うこともできずにあちこちと転戦したあげく、やがて項梁・項羽の率いる楚軍に合流してきたのである。そのときの楚軍の大将は項梁だったから、劉邦の軍は当然、項梁の指揮下に入った。

項梁は事実上のボスでありながら、「楚の国の復興」を反乱の大義名分に掲げている所以に、滅んだ楚の国の王室の血を受け継いだ者を探し出して王に戴いた。それはすなわち楚の懐王《かいおう》である。そして項梁が戦死してしまうと、一時には宋義《そうぎ》という男が懐王の「宰相」として楚軍全体の指揮をとることになった（宋義はのちに項羽によって討たれ、指揮権を項羽に奪われることになる）。そのなかで、劉邦の率いる勢力は楚軍のなかの一軍としての地位を認められ、劉邦自身も、総司令官の宋義のもとで、項羽と肩を並べる一大将となった。

紀元前二〇九年の秋、宋義と項羽が楚軍の主力部隊を率いて前出の鉅鹿へと向かったと同時に、懐王の命を受けた劉邦の部隊は、いわば「おとり部隊」として、秦の本拠地である関中地方を目指して進軍した。

そのとき、秦の主力部隊はすでに北方の鉅鹿に集結しているから、西の方角にある関中地方へ向かう劉邦の軍は当然、強敵一つにぶつかることもなくスムーズに進めた。そして、鉅鹿の地において秦軍が項羽軍によって殲滅されてからは、劉邦軍はほとんど苦労せずして関中地方に入ったわけである。

そこで、いち早く秦王朝の首都である咸陽を占領して、勝利者として秦王朝の降伏を受ける晴れ舞台に立ったのは、結局この元亭長の劉邦である。彼にとってはまさに分のすぎた好運だった。

そして、項羽の大軍も関中地方に向かってきたと聞くと、劉邦はなんと、その入り口の函谷関を軍をもって閉鎖し、友軍であるはずの項羽軍の関中入りを阻もうとしていたのである。

項羽が烈火のごとく激高したのはいうまでもない。彼の率いる大軍はただちに函谷関を突破して関中になだれ込んだ。その三日後の夕方、劉邦軍の駐屯地に接近してきた項羽軍は、総攻撃の態勢を整えて、翌日の朝から劉邦軍を一気に叩き潰す予定であった。

その計画を事前に知らされた劉邦はいまさらのように色を失ったが、配下の謀士である張良《ちょうりょう》を中心に、劉邦陣営は項羽に恭順を示すことによって危機を回避しようと懸命に動いた。劉邦自身も、その翌日の早朝、項羽の本陣が設けられている「鴻門《こうもん》」へ謝罪に参上した。

劉邦の来る前、項羽陣営のご意見番である范増《はんぞう》が何度も念を押して、「劉邦という野心家を生かしておくと後で大変なことになるから、必ず対面の席で彼を殺せ」と助言した。にもかかわらず、平身低頭して自らの「不徳」を深く詫《わ》びる劉邦の泣き面を見たとたん、項羽はいかにも磊落《らいらく》な態度で彼の釈明を聞き入れ、函谷関の一件を不問に付した。それどころか、劉邦の労をねぎらうために宴会まで開いた。

宴会の席上、どうしても劉邦を殺したい范増は、主人の項羽に対して「こいつを殺《や》れ」と何度も促したが、項羽はけっして首を縦にふらない。やむを得ず、范増は配下の項荘《こうそう》という武将を使い、「剣の舞」を舞うふりをして劉邦を斬らせようとしたところ、劉邦側の張良もさっそく随員の樊噲《はんかい》という壮士を宴会場に上がらせて劉邦の警備にあたった。

そこで、肝心の項羽はどうかというと、彼は今度は、劉邦側の樊噲の豪勇ぶりに感心してしまい、樊噲と杯を交わしながらすっかり意気投合した。いかにも英雄たるものが壮士に惚れたような風情である。その隙を狙って、劉邦は便所に立つと偽って鴻門の項羽本陣から逃げ出して、難を逃れたわけである。

これがすなわち、かの有名な「鴻門の宴」の一部始終であったが、劉邦の運命を掌中に握っていながら結局彼を許した項羽は、それからわずか四年後に、ほかならぬ劉邦の大軍によって滅ぼされたというのが、この歴史ドラマの周知の結末である。

劉邦のとった敵対行動に憤慨していながらも、謝罪されればただちにそれを許してしまうという寛大さや素直さ、平身低頭して謝りにきた相手を宴会の場で殺すような真似《まね》を潔《いさぎよ》しとしないその気高《けだか》さは、まさに項羽が項羽である所以でもあろうが、自分にとって脅威になるかもしれない政敵は早いうちに消さなければならない、という冷徹な政治的マインドをまったく欠いているところに、項羽の悲劇を招いた最大の原因もあるのである。

そしてそれからの四年間、劉邦との天下取りの戦いを繰り広げるなか、項羽はいっこうにその人となりや行動原理を改めようとはしなかった。戦場においてつねに豪快果断の英雄である彼は、政治的駆け引きにかけてはまったくの無知であり、権謀術数には暗く、人心収攬《じんしんしゅうらん》の術にも欠けていた。

その結果、多くの政略上あるいは戦略上の過ちを重ねた彼は、徐々に追い詰められて、最後の「垓下《がいか》の戦い」においては、劉邦軍に包囲されて「四面楚歌《しめんそか》」のなかで最愛の虞美《ぐび》人《じん》を殺して自らも自決してしまうという心を打たれるエピソードを残して、悲劇の英雄として散ったのである。

己の身を守るためにわが子を見殺しにする劉邦の卑劣

最後の勝者となったのは、一方の劉邦である。彼は秦帝国との戦いでは振るわなかったものの、項羽との天下争奪戦においては、まさにその無頼漢としての本領を思う存分発揮して、権謀策略や汚い手の限りを尽くしてその天下取りを果たした。

項羽軍との戦争中、己の生き残りを図るために手段を選ばないという劉邦の冷酷さと卑劣さを語るエピソードが一つある。

劉邦軍は一度、項羽のつくった西楚国の首都である彭城《ほうじょう》に攻め込んだことがある。項羽の率いる主力部隊の留守を狙った奇襲だったのだが、戻ってきた項羽軍が一挙に反撃すると、劉邦軍はたちまち雪崩《なだれ》を打って彭城から敗走した。

全軍敗退のなかで誰よりも早く逃げ出したのは、ほかならぬ総大将の劉邦である。彼は息子と娘の二人を引きつれて馬車の一台に乗って一目散に逃走していた。その後をすぐ、項羽軍の騎兵が追ってきたのである。

そのときのことである。馬車の乗せる「荷物」の量を減らして馬を少しでも速く走らせるために、劉邦はなんと、わが子二人をいきなり車から落としたのである。それを不憫《ふびん》に思った馭者《ぎょしゃ》の夏侯嬰《かこうえい》が飛び降りて拾い上げると、劉邦はふたたび突き落とした。このようなことが三度も繰り返されたと、『史記』が記している。

この人はいったい、どういう人間性をもっているのだろうか。

劉邦のもとに集まってきた武人や策士たちも、じつは彼と同類の人間が多い。策士の一人である陳平《ちんぺい》という者が親分の劉邦に対して、項羽軍と比較して「わが陣営の特徴」について語るときにこう述べたことがある。

「大王（劉邦）の場合、傲岸不遜なお振る舞いが多く、廉節《れんせつ》の士は集まりませんが、気前よく爵位や封邑《ほうゆう》をお与えになりますので、変わり者で利につられやすく恥知らずの連中が多く集まっております」

いってみれば、自分の生き残りのためにわが子の命を犠牲にするのに何の躊躇いも感じない劉邦という「人間失格」の無頼漢のもとに、「利につられやすく恥知らずの連中」が集まってできあがったのが、すなわち劉邦の率いる人間集団の性格である。

そして、結果的にはやはり、この「恥知らず」の人間集団が、あの豪快勇敢にして気《き》位《ぐらい》の高い英雄の項羽を打ち負かして天下を手に入れた。

歴史によくあるような無念にして理不尽な結末であるが、いわば「悪いやつほど天下を取れる」という中国史の法則がここから始まったのである。

このような法則が生きているなか、項羽のような貴族的英雄気質と高貴なる人間精神の持ち主は往々にして歴史の闇のなかに葬り去られて、劉邦のごとき卑劣にして狡猾《こうかつ》な無頼たちが表舞台を占領して跳梁《ちょうりょう》することが多くなってくる。

その結果、中国史が下っていくにしたがって、項羽流の人間精神は徐々に死滅していき、劉邦のような「嫌なやつ」たちがますます繁殖していく勢いとなっているのである。

中国流「家産制国家」の原点

劉邦が項羽に勝つという結末は、じつは中国の歴史におけるもう一つの大いなる分岐点ともなった。

周王朝の成立から秦帝国が天下統一を果たすまでの約八百年間、中国の政治制度は概して封建制であった。つまり、王様のもとで多くの諸侯が「封土《ほうど》」という各自の領地を自律的に治めるという政治システムで、日本の江戸時代の幕藩体制とも類似している。その場合、権力の分散による「天下の共有」が封建制の基本理念となっている。

この封建制の伝統を打破して中国史上最初の中央集権的専制帝国をつくったのは秦朝であるが、建国してわずか十数年後、まさに項羽や劉邦たちの反乱によってそれが潰れた。そうすると、ポスト秦朝の国づくりに向けて、秦朝以前の封建制に戻るのか、それとも秦のつくった中央集権制を継承するのか、それは当然、中国史にとっての重要な選択となったのである。

秦帝国の潰れた後、一時的に最大の勢力となって天下平定の主導権を握った項羽は、いかにも楚の国の貴族の末裔《まつえい》らしく、確実に封建制の再建を目指した。彼は楚の懐王を天下の王様として擁し、秦朝を倒すのに功のあった武将や旧諸侯を対象に十八の諸侯を封じてそれぞれに領地を与えた。自らは楚の国の旧領を中心とする土地を領地として「西楚の覇王」と号し、日本でいう「征夷大将軍」のような立場に立とうとしていたのである。

そのとき、劉邦は漢王に封じられて、現在の陝西《せんせい》省にある漢中地方を封土として与えられた。彼はやがて「西楚の覇王」項羽に反旗を翻すことになるが、もしその後の漢王劉邦の反乱と勝利がなければ、項羽の目指した封建制の再建は成功できたかもしれない。もちろん、それからの中国史も、まったく違った方向へと向かったであろう。

しかし、最後の勝利を勝ち取ったのは漢王の劉邦である。そして、彼はむしろ秦の始皇帝流の専制的中央集権制の骨格を継承し漢帝国を建てた。漢王はそのまま、漢帝国の初代皇帝となったのである。

本章の冒頭で、劉邦が皇帝となってから、父親の「太公」に対して、「昔親父は、よく俺のことを家業も治めない無頼だと馬鹿にしていたなあ」と文句をいったことを記述したが、じつは太公はあのとき、家業を興すのに日夜励んでいる劉邦の兄との比較において三男坊の劉邦の無頼漢ぶりを叱ったわけだった。

そして今度は皇帝となった劉邦は、父親に対する意趣返《いしゆがえ》しのつもりで、上述の文句の続きにこういったという。

「ところで、いまの私の成し遂げた家業は、兄と比べればどちらのほうが多いのか」

つまりこの無頼漢上がりの皇帝は、天下国家というものを、まったく自分とその一族の「資産」のようなものとして認識しているのである。

本書にすでに登場してきた蘇秦や李斯や趙高の場合もそうであるが、どうやら天下国家を自分たちの「私物」だと見なすところに、中国史上の謀略家たちの最大の共通点がある。

そして、劉邦が家族の内輪で語った上述の本音剝き出しの一言はまた、彼が秦の専制制度を継承してつくった漢帝国の国家体制の本質をズバリといい得た名セリフといえよう。要するに、皇帝とその一族による国家の私物化を特徴とする「家産制国家」がここにあるのである。

国家そのものを私物化した劉氏一族の独占的利権を守るために、劉邦は皇帝になった後に、もう一つ大きな仕事を成し遂げた。それはすなわち、かつての功臣たちに対する血塗《ちまみ》れの大粛清である。

皇帝即位後の紀元前二〇二年から前一九五年までの短いあいだに、彼は漢帝国の樹立に功績があった韓信《かんしん》、彭越《ほうえつ》、英布《えいふ》などを、騙し討ちや嘘の罪名を被らせるなどの汚い手段を使って、次々と殺していった。そのなかで、三族まで処刑された韓信の場合もあれば、惨殺後の屍《しかばね》が塩辛《しおから》にされた彭越の場合もあるという。劉邦ならではの卑劣さと残虐性がここにも現れているのだが、天下取りの戦いにおいて彼のもとに集まってきた「恥知らず」の人間たちは、今度は一番恥知らずの親分である劉邦の謀略にしてやられたわけである。

こうして基盤を固め得た漢帝国は、その後もまさに劉邦流の「国家理念」と政治手法をもって天下を治め、前漢・後漢を合わせた四百年間にもわたって中国大陸を支配した。そのなかで、皇帝を中心とする家産制国家と専制独裁の政治体制が完全に定着させられた。

漢代以後の歴代王朝も当然、国家の私物化と独裁政治の強化を図るのに余念がなく、そのために恐怖の政治粛清を断行することもしばしばあった。無頼漢皇帝劉邦の残した「国家の私物化」と「恐怖の政治粛清」という二つの遺産は、そのまま中国の長い歴史の悪しき伝統となったわけである。

現在の中華人民共和国をつくった毛沢東《もうたくとう》は、知識人出身である点で無頼漢上がりの劉邦とは違う。だが、天下を取ってから行なった悪行の数々からすれば、自らのことを「天も神も信じない無法者」だと称して憚《はばか》らない彼もまた、劉邦も顔負けの「ならず者皇帝」と称すべきものであろう。毛沢東がその二十七年間の治世下で連続的に断行した政治大粛清の一つひとつは、その残酷さといい、その卑劣さといい、そのスケールの大きさといい、元祖の劉邦をはるかに超えたものであろう。もちろん、中華人民共和国もまた、彼と彼の率いる共産党による「共産国家」ならぬ「家産国家」にすぎないのである。

無頼漢、劉邦のつくった中国流の政治伝統が、現代においても生きているのである。

そういう意味では、「天下の共有」を理念とする封建制の再建を目指した項羽という高貴なる英雄気概をもつ人物が葬り去られて、卑劣さと残忍さをその本性とする謀略家の劉邦が皇帝となったこと、そして劉邦の手によって「国家の私物化」と「恐怖政治」の悪しき伝統がこの中国大陸において定着したこと、これこそは中国史の最大の分岐点の一つであり、それ以来二千二百年以上も続いた漢民族の不幸な歴史の源ではなかろうかと、筆者は思うのである。

第四章

王莽《おうもう》

漢帝国を乗っ取った史上最大の偽善家

外戚として権勢を振るう王氏一族

前章の主人公である劉邦が創始した漢帝国は、建国二百十数年目にして一度滅びた。「滅びた」というよりも、帝国はまるごと、ある男によって乗っ取られたのである。

本章の主人公の王莽《おうもう》（紀元前四五年－紀元後二三年）が、ほかならぬこの大胆不敵な「乗っ取り男」だ。彼は皇室の外戚として政権を独占したのちに、漢帝国の皇帝を廃位させたうえで自らが皇帝となり、漢に取って代わって「新《しん》」という王朝を建てた。

それは紀元後八年のことだが、その時点で、漢帝国の皇統はいったん途切れたことになっている。

それから十五年後に王莽の新朝が反乱によって潰されて、漢の皇室の血を引く地方豪族の劉秀《りゅうしゅう》が漢帝国を再興した。したがって、中国の歴史上では、王莽によって乗っ取られた以前の漢帝国は「前漢」と呼ばれ、劉秀が再興した漢帝国は「後漢」と呼ばれることになる。

劉秀によって創立された後漢帝国は、約二百年も存続して二二〇年に滅びた。その前後に歴史の大舞台で活躍したのが、次章の主人公である諸葛孔明《しょかつこうめい》と曹操《そうそう》である。そこから、中国の歴史は魏晋《ぎしん》南北朝の時代へと進むのは周知のとおりだ。

以上は、王莽の出現によって区切られた前漢と後漢の興亡の歴史を簡略に記したが、これからは、本章の本題である「王莽」に入っていこう。

漢帝国を転覆させた王莽とは、いったいどういう男なのか。漢王朝の臣下であったはずの彼は、いったいどうやってこの巨大帝国を乗っ取れたのか。そのために、彼はいったいどのような謀略を使ったのか。

まず説明しておくべきなのは、王莽の出現とその「漢帝国乗っ取り計画」が成功した背景には、前漢時代の名物である「外戚」の台頭と専権があることだ。日本の平安時代、藤原家などは娘を天皇に嫁がせて皇子を生ませ、その皇子を擁して政治権力を掌握するというかたちで外戚政治を行なった時期があるが、中国の前漢時代の外戚専権もそれと類似している。

いわゆる外戚専権とはこういうものだ。一人の皇帝が即位すると、その皇后となる女性の親・兄弟などがいっせいに抜擢されて中央政治に関与してくる。彼らは「外戚」と呼ばれて、皇后を中軸にして一大政治勢力を形成していく。皇后の生んだ男子が皇太子ともなれば、外戚たちの地位と権力はさらに強化される。そしてもし、現役の皇帝が若死にして幼い皇太子が即位してしまった場合、皇后は皇太后となって新しい皇帝の後見役となるのだから、その一族の外戚たちはそれこそ、朝廷を壟断《ろうだん》して政治的大権を欲しいままに振うのである。

じつは、王莽の家筋である王家は、まさに権力を独占した外戚一族の典型である。漢の宣帝《せんてい》の治世、中央官僚の王禁《おうきん》という人の娘である政君《せいくん》は、入内《じゅだい》して皇太子のお召しにあずかって身ごもった。政君の生んだ男の子は、そのまま漢帝国の嫡皇孫となった。

宣帝が崩御したのちに、政君の夫君である皇太子が即位して元帝《げんてい》となり、政君も皇后の地位に昇った。しかし元帝の治世はわずか十三年にして幕を閉じ、皇帝は四十三歳で亡くなった。皇位を継いだのは政君の生んだ子で、成帝《せいてい》と称される漢帝国の第十一代皇帝である。

成帝の誕生に伴って、政君は皇太后となって「孝元皇后《こうげん》」と称されることになる。まさにこの時点から、外戚である王氏一族による政権の独占と繁栄が始まった。孝元皇后（政君）の弟である王鳳《おうほう》は、大司馬大将軍領尚書事（総理大臣兼国防大臣）という顕職につき、帝国の軍権と行政権を独り占めにした。それ以外の兄弟たちもことごとく「侯」に封ぜられ、領地を与えられた。王氏一族はそれで、皇族に次ぐ最高ランクの貴族として権勢を振るって栄華を極めることになった。

「看病パフォーマンス」から踏み出した出世

本章の主人公である王莽は、王氏一族の一員として生まれ、孝元皇后の甥にあたる人物である。しかし不幸なことに、彼の父である王曼《おうまん》が若死にしたゆえに、孝元皇后の兄弟たちが列侯に封ぜられたとき、王莽の家だけはそのリストから漏れていた。その結果、王莽は十代の前半から孤児として母や姉妹兄弟を支えながら不遇の日々を送っていた。

その時代の王莽の暮らしぶりや生活態度に関しては、『漢書』の「王莽伝」がこう記している。「莽は孤児であり貧乏でもあって、心ならずも意を屈し恭倹《きようけん》に身を持した」（筆者注：本章での『漢書』の現代日本語訳は、小竹武夫訳『漢書　下巻・列伝』筑摩書房、昭和五十四年版を参照）。

ここでいう「恭倹に身を持した」というのは、人に対しては恭しく、己の欲望を抑制して倹約に努めるという生活態度を指している。が、このような生活態度を取ることはけっして王莽の本意ではないことは、上述の「心ならず」や「意を屈す」といった表現からも明らかである。要するに王莽は、貧乏な家に生まれた孤児として、豪華を極めた王一族のなかで生きていくためには、自分の意思を屈して「心ならず」も「恭倹」に努めなければならなかった、ということなのである。

不遇によって強《し》いられた不本意の処世法であるとはいえ、自分の意思を屈して「心ならず」の態度や姿勢を取ろうと努力する、若き王莽の屈折した生き方には、後日の「大偽善者・詐欺師」の原点があるような気がする。

このような屈折した生活態度に徹しながら、王莽は沛郡の陳参《ちんさん》という人に師事して『礼経』を学んだと『漢書・王莽伝』が伝えている。その時代、儒教の経典に通じることは任官の前提条件であるから、王莽も勉学を通じて官僚たることを目指していたのだろうか。もとより、家が封侯に漏れて貴族になりそこなった王莽にとって、官僚になることが唯一の出世の道だったのである。

しかし、王氏一族の子弟にしては、王莽の任官はたいへん遅かった。二十四歳になったとき、彼はやっと官吏になるチャンスに恵まれた。しかもそれは、己の実績や実力によって勝ち取ったチャンスでもなかった。

『漢書・王莽伝』の記述によると、成帝陽朔三年、王莽の伯父で、王氏一族のなかで最高の官位についた大司馬大将軍王鳳が病気で倒れた。そのとき、「王莽はその病床に侍し、みずから嘗め試して薬をすすめ、蓬頭垢面《ほうとうこうめん》のまま、幾月も衣帯を解くことなく看病した」という。

その結果、「王鳳は臨終にあたって王莽のことを皇太后と成帝とに託し、こうして莽は黄門郎《こうもんろう》に任命され、さらに射声校尉に遷任された」と『漢書・王莽伝』が記している。

要するに、時の最高権力者への「献身的な看病」が、王莽の出世するきっかけとなったわけである。しかし、『漢書』の上記の記述を読んでいると、このときの「献身的な看病」という行為自体が、いかにも動機不純な怪しいものではないのかと思えてならない。

考えてみよう。「総理大臣兼国防相」として位人臣《じんしん》を極めた王鳳の身辺には、妻妾や侍女や奴婢《ぬひ》や専属医師などの人々が大勢侍しているはずであろう。その子供や孫の数もけっして少なくはないと思う。王鳳が病気に倒れていれば、全力を尽くして彼の看病をするような人はいくらでもいるはずだ。なのに、分家の甥である大の男の王莽にわざわざ館に来てもらって、王鳳の看病をしてもらわなければならない必要性はいったいどこにあるのか。そこがまず疑わしい。

王莽がいったい、どういう経緯で王鳳の看病人になったのかは『漢書』には記載されていない。その場合、王鳳本人や家の人がわざわざ王莽を呼び寄せて看病させたというよりも、むしろ王莽のほうがみずから進んで「看病団」の一員となった、と考えたほうが理にかなうのではないかと思う。

しかも王莽の看病ぶりは、いかにも態《わざ》とらしい。彼は「蓬頭垢面のまま、幾月も衣帯を解くことなく看病した」と記されているが、いくら誠心誠意の看病とはいえ、妻妾や侍女や奴婢が雲集する大権力者の館のなかで、王莽一人が「蓬頭垢面」までして看病している姿はやはり異様である。ただの看病であれば「蓬頭垢面」である必要性はどこにもないし、大の男が汚い格好をして看病していても、当の病人のためになることは何もない。

要するにどう考えても、王莽の看病というのは、病人のことを思いやっての単純な看病というよりも、むしろ当の病人に自らの「献身ぶり」を見せつけるためのパフォーマンスではなかろうかと思えてならないのである。

このパフォーマンスはおそらく、病床にいる王鳳に大きなインパクトを与えたのであろう。その結果、この当時最大の権力者は自らの死に際し、皇太后と皇帝の両方に、王莽という取るに足らない一若僧のことを託するのを忘れなかった。

王莽の任官の道は、この「蓬頭垢面」の一発勝負で開かれたわけだが、いってみれば、中国の歴史に大きな痕跡を残した「王莽の時代」というのは、まさにこの「看病パフォーマンス」をもって幕開けしたものなのである。

「謙虚」のパフォーマンスに徹しながら陰謀を進める

王莽の初任官の黄門郎というのは、宮中の禁門の守護などにあたる郎官だから、それほど地位の高い官職ではない。しかしその後の王莽の昇進は、異例といえるほど早い。黄門郎に任官してしばらく、彼は現代でいう「青年将校」にあたる射声校尉に遷任された。それからほどなくして、彼の叔父である成都侯王商および多くの名士・高官などの推薦を受け、王莽はとうとう新都侯に封ぜられたうえで、「騎都尉《きとい》光禄大夫侍中《だいぶじちゅう》」という皇帝の側近に侍する重要ポストに任命されたのである。

そのときから、王莽一流のパフォーマンスはますます堂に入り、名声と昇進を獲得するための政界工作も盛んとなった。そのときの様子に関し、『漢書・王莽伝』はこう記している。

「その爵位はますます高く、その節操はいよいよ謙虚であった。車馬・衣衾《いきん》を惜しみなく賓客に施し、家には何も余さなかった。名士を収め助け、将軍・宰相・卿大夫らと交わり結ぶことがはなはだ多かった。それゆえに位にある者がこもごも彼を推薦し、遊説する者が彼のために談論し、そのため王莽の虚名は高くあまねく、伯叔父たちをしのぐほどであった。王莽はあえてことさら奇異な行ないをし、これに処して恥じなかった」

つまり『漢書』の著者（班固《はんこ》）から見れば、王莽の「謙虚」にしても「惜しまない施し」にしても、それらはしょせん「奇異な行ない」の類いのものでしかない。が、結果的には、王莽の「虚名」はそれでますます高まり、「位にある者」は皆、彼を推薦するようになった。

もちろんそれこそが、王莽の思惑どおりの展開である。

こうしたなかで、王莽はやがて大出世のための決定的なチャンスを摑んだ。

この一部終始を『漢書・王莽伝』はこう記している。

「当時、皇太后の姉の子淳于長《じゅんうちょう》が才能を認められて九卿となり、王莽の上位にいた。莽はひそかに淳于長の罪過を探し求めてこれをつきとめると、大司馬の曲陽侯王根《おうこん》を通じて言上した。そのため長は罪に伏して誅殺され、莽は忠義正直の信を得た。……よって王根は骸骨を乞い、自分に代わるべき者として莽を推薦したため、主上はついに莽を抜擢して大司馬に任じた」

『漢書』が記したこの政変劇の粗筋から、王莽という謀略家の恐ろしさの一端がよく分かってくるであろう。表向きは「謙虚」なふりをして「虚名」を博していながら、裏では用意周到な陰謀を密かに進めていた。この陰謀の実施によって、王莽はライバルの淳于長を潰し、大司馬である王根に取り入ってその後継者となったのである。

例の「献身的な看病」から十四年目にして、三十八歳となった王莽は、やがて大司馬（国防大臣）の座に昇り、皇帝を補佐する立場で最高権力の中枢に入った。

そのときから、王莽のパフォーマンスはさらに本格的なものとなった。『漢書・王莽伝』はこう記した。

「王莽はすでに同輩を抜きん出、伯叔父たちの後を継いで政を輔佐し、前人をしのぐ名誉を挙げようと望んで、不屈の努力をかさね、賢良の諸士を招聘《しょうへい》して領地の収入を賞賜《しょうし》としてことごとく振る舞い、しかも自分はいよいよ倹約した」という。

王莽の政権掌握と凄まじい大粛清

王莽のこのような振る舞いは当然、自らの名声を高めて人心を収攬《しゅうらん》することによって、さらなる政治的上昇に備えるための準備工作だと理解すべきだろう。が、彼にもやがて挫折が訪れた。

大司馬として政を補佐して一年余、成帝が崩御し、第十二代皇帝の哀帝《あいてい》が即位した。哀帝は皇族の一員の生まれであるが、先代の成帝の子ではない。しかも、哀帝の祖母は傅氏《でん》という家の出身で生母は丁氏《てい》であるから、両方とも王氏一族の出自ではない。哀帝が即位すると、その皇后となったのも祖母傅氏の一族出自の娘である。その結果、傅氏一族が外戚の中軸となってしまい、王氏一族は排斥される対象となったのである。

こうしたなかで、王莽はとうとう中央官界から追い出されて、自らの領地である南陽郡新野《しんや》県に戻って謹慎の生活を送ることになった。二十四歳で遅い出世を果たして以来、王莽はしばらく失意のドン底に陥ったのである。

しかし王莽にとって運の良いことに、新野で謹慎してわずか一年後、哀帝が突如崩御した。帝には後継者としての子がなく、祖母の傅氏も生母の丁氏もすでに亡くなっているから、宮廷は大混乱に陥った。そのとき、王氏一族出自の孝元皇后（政君）は素早く動いた。哀帝の亡き後、先代皇帝の生母で先々代皇帝の皇后である彼女の権勢を押さえ付ける者は、宮中にはもはやいない。孝元皇后は亡くなった哀帝の帯びた皇帝の璽綬《じじゅ》を手に入れたうえで朝廷を押さえ、哀帝の側近である大司馬の董賢《とうけん》の実権を剥奪した。そして、董賢に取って代わって政権を握るべき人物として、王氏一族の王莽を領地から呼び戻した。

孝元皇后は都に帰ってきた王莽に哀帝の葬儀を任せると同時に、軍隊発動のための諸符節、宮廷を守る禁衛の指揮権、百官に対する統制のすべてを王莽に託したのである。

孝元皇后がこのような政変を断行した唯一の目的は、すなわち外戚としての王氏一族の復権を計ることだったことはいうまでもない。その結果、王氏一族の大黒柱となった王莽は、漢帝国の全権を一人で握ることになった。王莽はさらに孝元皇后と謀議して、元帝の庶孫である中山王劉衎《りゅうかん》を新しい皇帝に選んだ。劉衎を選んだ理由もただ一つ、九歳の子供である彼が皇帝になれば、王氏一族にとって操りやすい対象だからだ。案の定、平帝《へいてい》が即位したのちに、孝元皇后は摂政として朝廷に立ち、政務のすべてを王莽に委ねた。

このようにして、孝元皇后と王莽のコンビによる政権の支配が始まった。王莽が大権を握ってからまず断行したのは、自らのライバルや敵対勢力に対する凄まじい大粛清である。

彼はまず、前任の大司馬である董賢を弾劾して自殺に追い込み、董氏の財産を国庫に没収して、その一族全員を辺鄙《へんぴ》の地へと追放した。自殺した董賢の遺体の埋葬すら許さなかった。

そのとき、董賢がかつて信頼していた大司馬府の属吏である朱詡《しゅく》という人は、董賢やその家族に対する迫害に憤慨して自ら官職を辞し、棺と衣服を買いととのえ、董賢の遺体を収容して葬ろうとした。しかしこれを聞いた王莽はなんと、朱詡に何らかの罪を被らせ、彼を殴り殺した。

次の標的となるのは、哀帝の代の有力者で王莽の出世の邪魔になった人々、あるいは王莽自身が嫌っている人々である。その際、王莽はいつも、自らの腹心に命じて粛清したい人の罪状を構成し、さらに別の腹心にそれを上奏させて、最後には孝元皇后に処断してもらう、というやり方を取っている。要するに自分はいっさい顔を出さずにして、周りの人々をうまく使って政敵を粛清していくという、いかにも偽善家王莽らしいやり方である。

王莽はさらに、王氏一族と対抗できるような外戚勢力を徹底的に排除する。その結果、成帝の皇后で、哀帝のときに皇太后となった趙氏や、哀帝の皇后である傅氏は皇室から追い出されて庶民の身分に降ろされたのちに自殺を余儀なくされた。哀帝の生母である丁氏一族の人々も全員免官奪爵されて遠方に流れ、丁氏一族の大黒柱で大司馬を務めた丁明《ていめい》が殺された。

哀帝の祖母の皇太太后傅氏や母の皇太后丁氏に対しても、本人たちがすでに死亡したにもかかわらず、王莽はけっして容赦はしなかった。彼はまずこの二人の尊号を剝奪したのちに、二人の墓まで暴《あば》いて遺体に付けられた璽綬を奪った。

新しい皇帝となった平帝の母親方の親族に対して、王莽はとくに警戒していた。彼は平帝の母である中山国の衛姫《えいき》とその親族をいっさい首都に入れないようにして、平帝と母との対面すら許さなかった。そのために衛姫は、わが子のことを思って日夜泣いて嘆いたと、『漢書・外戚伝』が記している。

王莽自身が若き日に勉学した儒学経典の『礼経』の精神からすれば、人の親子を強制的に生き別れにさせるこのようなやり方は、度をすぎた暴挙というしかない。しかし、自らの政治権力を守るためには、「君子」であるはずの王莽はどんな惨《むご》いことも平気でやり遂げたのである。

徹底した「君子偽造工作」の時代的背景とその極意

政治闘争の残酷さは中国史に付きものではあるが、王莽の場合、特異なのは、彼が残酷な政治闘争をやり遂げながら、表向きはあくまでも「善人」の仮面を被っている点である。政敵に対する残忍極まりのない粛清を平気でやり通しながら、自分自身はいつでも「善人」や「君子」のふりをするところに、王莽一流のやり方の最大の特徴がある。

問題は、その権力奪取のプロセスにおいて、王莽がそこまで苦心して「善人・君子」のふりをする必要がいったいどこにあるのか、であるが、じつはそれは、前漢の中期から確立されてきた「儒教政治」の理念と大いに関係がある。

王莽の出現から遡《さかのぼ》って約百年前、漢帝国が生んだ最強の皇帝である武帝の時代、儒教は帝国の公式な政治イデオロギーとして導入され、いわば「国教」としての地位を得た。それ以来、少なくとも表向きの政治の世界では、儒教の理念は政治と為政者たちが則《のっと》るべき規範として確立されたわけである。

儒教的政治理念とはいったいどういうものか。簡潔にいえば、要するにこういうものである。

「天命」を受けて「天子＝皇帝」となった君主の支配下で、「仁義礼智信」の五徳を身につけた「君子」として選ばれた官僚たちが、その補佐役として政治を「公明正大」に行なうことによって「天下の安泰」を図って、万民が「安生楽業《あんせいらくぎょう》」する社会を実現する、ということである。

その際、君主はつねに天命を具現して万民を憐れむ「聖君」であること、政治はつねに万民のための「仁政」であること、官僚として選ばれた臣下はつねに「仁義礼智信」の五徳を身につけた「君子」であること。いわば「聖君・仁政・君子」の三点セットが結局、儒教的政治理念が成り立つための三本の柱となっているのである。

そのなかでは、とくに官僚となった人々の場合、完璧な「君子」であることが理想像として求められているから、周りの人や朝廷から「君子」だと評価されるかどうかは、本人の昇進を左右する大きな要素となっている。

しかし、官僚もしょせん生身の人間であるから、「仁義礼智信」の五徳をわが身につけておくことはそれほど簡単なことではないし、努力するだけですぐ「君子」になれるわけではない。だが、実際に「君子」になれなくてもやはり昇進はしたいし、出世はしたい。となると、官僚としての出世を目指す多くの者たちに残された魅力的な選択肢の一つはすなわち、自分がいかにも儒教の理想や徳目を体得して実践している「君子」であるかのように装うのである。

いわば「君子偽装工作」というべきものであるが、中国史上の名物である「偽《にせ》君子」は、まさにこのあたりの事情から生まれてくるのである。

たとえばその時代、親に対する「孝」は儒教の最大の徳目の一つとされ、親に対して「孝行」を尽くすことこそが「君子」たることの条件とされているから、極端なかたちでみずからの「親孝行」をアピールする人たちが輩出する。親のお墓の前に茅葺《かやぶ》きの簡素な住居を立てて十年以上も住む人もいれば、親の病気を治すために自分の肉を抉《えぐ》って薬の一味にする人も出てきた。

しかも、より徹底的に「君子」ぶることのできる人間こそが、出世のチャンスを誰よりも早く摑めるのだから、人々が人智の限りを尽くして「君子ぶり」を競い合うのは、一種の社会的風潮とさえなっていた。いわば「偽君子、氾濫の時代」がそれで幕開けしたわけだが、じつは本章の主人公である王莽こそが、まさにこの時代の申し子として生まれた、いわば「偽君子」の代表格たる人物なのである。

ここで想起すべきなのは、伯父の王鳳が病気に倒れたとき、王莽が「蓬頭垢面のまま、幾月も衣帯を解くことなく看病した」という前述のエピソードである。考えてみれば、それもまた、王莽が極端なかたちでみずからの「孝行」をアピールするための「君子偽装工作」の一環であると理解できよう。この「献身的な看病」の一発で王莽がやっと出世のチヤンスを手に入れたのは上述のとおりだが、おそらくこのときの成功体験は、王莽の一生の行ないを方向づけた決定的な原体験となったのではないかと思う。それ以来、徹底した「偽君子」の道を走ることは、まさに彼の人生のモチーフとなったからである。

哀帝の死後、大粛清をもって政敵を一掃して漢帝国の全権を握った後、王莽の「君子偽装工作」はますます盛んになってくる。

そのときの王莽の行状について、当時の大司徒司直である高級官僚の陳崇《ちんすう》という人は、王莽を讃《たた》えるためにつくった上奏文のなかでこう述べている。

「公（王莽を指す）は辞令を受けて以来、いまに至るまで亹々《びび》翼々《よくよく》と勤勉に敬《つつし》みつつ、その職に務め、日々その徳を新たにし、平素の行ないをよりいっそう増し修め、質素にしたがい倹約につとめ世俗を矯正し、私財を割き家産を傾けてもっと群臣を率い、わが躬《み》をおさえ公平を保持して公卿に推し及ぼし、子に教え学問を尊んで国の風化を高めました。公はその僮奴《どうど》に布を着せ、その馬の飼料に穀物を用いず、公の飲食の材料も人並み以上ではありません。……孔子が『食うに飽食を求めず、住むに安楽を求めない』といっているのも、まさしく公のことを謂《い》うのです」

この上奏文はもともと、出世を望む官僚が王莽を喜ばせるためにつくったものだから、王莽への過度な賛美に満ちているのは当然であろう。が、一応は朝廷に奉《たてまつ》る公式の上奏文でもあるから、そこに記されている王莽の行状は、少なくとも形のうえでの「事実」であると考えられよう。そしてこの記述からは、王莽が平素の行ないにおいて、儒教の理想とする「君子」のイメージを演じるのにいかに腐心していたかがよく分かってくるのである。

家の僕たちにわざと布の衣服を着せ、馬には穀物の飼料をやらない、自分のための食材は人並み以上のものを使わない、というその「倹約ぶり」は、いかにも儒教が理想とする「清廉の士」を思わせるようなイメージである。しかし王莽という人間は本来、けっしてこのような質素な生活に甘んじる清廉の君子でも何でもない。その証拠に、のちに漢帝国を乗っ取って自らが皇帝となった後、彼が住んだ宮殿の豪華ぶりは漢帝国のそれとはべつに何の変わりもないし、生活の贅沢ぶりも漢の皇帝のそれにはけっして引けをとらない。

『漢書・王莽伝』の記述によれば、王莽の晩年、彼のつくった新王朝がすでに崩壊寸前の時期にさしかかったときでも、皇帝・王莽の宮殿には黄金一万斤《きん》を入れた櫃《ひつ》が六十櫃もつねに置かれていたという。そして老いた王莽皇帝は毎日、王朝崩壊の恐怖に怯《おび》えながら、最高級の食材であるはずの好物の鮑《あわび》をご飯の代わりに食べながら酒に浸っている。

皇帝となった後の王莽の行ないには、いわば「清廉君子」としてのイメージのかけら一つもない。たんなる権力と金の亡者としての俗物があるのみである。おそらくそれこそが、王莽という人間の本性だったのではないだろうか。

しかし、権力の頂点に昇り詰めるまでの長い期間中には、王莽は自らの本性を完全に覆い隠しながら、徹底した偽装工作を通じて「君子」としての名声を天下に轟《とどろ》かせた。稀代の偽君子である王莽の真骨頂はまさにここにあるのである。

「辞譲」するふりをしながら欲しいものを手に入れる

ここで一度、王莽が皇帝になる前の時期に話を戻して、彼がいったいどうやって漢帝国を乗っ取って自らの王朝を建てたのかを見てみよう。

じつは、儒教の理想とする「君子」であることを偽装することによって官僚としての出世の道を歩み、ついに漢帝国の全権を握る立場に昇り詰めたときと同じように、王莽は今度は、自分こそが儒教の讃える「聖君」であることを徹底的にアピールすることによって皇帝への道を開いた。いってみれば、中国史上前代未聞の皇位簒奪《さんだつ》劇もまた、王莽一流の徹底した「偽善工作」によって成し遂げられたものである。

外戚として漢帝国の全権を握った王莽が、いつの時期から、漢の皇帝に取って代わって自ら皇帝になる野心を抱きはじめたのかは定かではない。が、彼が「安漢公《あんかんこう》」の称号を得たことで皇位簒奪の第一歩を踏み出したことは確かな事実である。

王莽が擁立した新しい皇帝、平帝の元始元年（紀元後一年）の正月、益州という地方から瑞鶏《ずいけい》の「白雉《はくち》」が都に献上された。当時の中国では、それは朝野《ちょうや》を騒がすほどの大事件だった。儒教政治のつくりあげた多くの神話のなかでは、「白雉」というのは特別な意味をもつ存在だ。天意にかなった政治が行なわれた場合、天が地上に下す瑞兆だとされているからである。そしていま、王莽が幼い皇帝を補佐して政治を行なうこのとき、白雉が地方で発見されて献上されてきたことは、要するに天が王莽の政治を認めたことの印ではないのか、との声がたちまち朝廷に広がって「衆議の一致するところ」となった。まもなくして、大司馬王莽の功績は周の成王を補佐した周公に比すべきであり、王莽に漢の宗廟を安んじたという意味での「安漢公」の称号を与えるべきと、朝廷の群臣たちは揃って上奏してきた。王莽への「安漢公」称号の授与は、それで当面の最大の政治案件として朝廷の議事日程に上った。

もちろん、それらはすべて、他ならぬ王莽自身の仕掛けた政治工作にすぎないのである。

白雉たるものが益州で現れて献上されてきたのは何も偶然のことではない。王莽自身が何気なく益州の地方官僚に暗示してやらせた結果である。『漢書・王莽伝』も、それが王莽の工作であることをはっきりと記しているから、白雉の献上は王莽の「やらせ」だったことはまず間違いない。自らの皇位簒奪のために、彼は儒教政治の神話を徹底的に利用しようとしたのである。

白雉の献上を受けて、朝廷の群臣が揃って「安漢公」称号の授与を上奏してきたのも、王莽とその腹心たちによる政治動員の結果であることは明らかだ。実際、白雉の献上から

「安漢公称号授与上奏運動」が巻き起こるまで、すべては王莽自身が裏で糸を操っていたわけである。

しかしたいへん面白いことに、自分が裏で工作を進めながら、摂政の孝元皇后が詔書を発して彼に「安漢公」の称号を与えようと宣したとき、王莽本人はむしろそれを「固辞」する態度を見せた。彼は「自分には徳がないからこのような称号をいただけない。功績を表彰するなら自分の部下たちを表彰してください」との上奏文を皇后に奉って、称号授与の辞退を表明した。

孝元皇后は翻意させるために彼を招したが、王莽は病気になったと称して頑《がん》としてお召しには応じない。そこで皇后はやむを得ず、王莽の推薦する部下たち（すなわちその側近たち）を列侯に封じたり官職を上げたりして表彰したのち、ふたたび王莽に詔を下して「安漢公」の称号を受け入れるように諭《さと》した。

こうした一連のプロセスを経て、王莽はようやく「安漢公」称号の授与を受け入れて、このたびの騒ぎに終止符を打った。もちろん結果はすべて、王莽の意のままの展開である。

いわば「安漢公称号授与騒ぎ」は、最初から徹頭徹尾、王莽自身が望んで画策した政治工作であった。にもかかわらず、いざ授与となると、王莽はやはり「君子」ぶるための「辞退パフォーマンス」を最後までやってみせた。そして辞退のパフォーマンスを重ねるたびに、王莽自身は「謙遜なる高潔の士」としての名声を高めていっただけでなく、自分の側近たちもついでに封侯されたりするような実利を手に入れた。まさに一石二鳥の偽善工作なのである。

「安漢公」の称号を受領したときに王莽のとった態度について、『漢書・王莽伝』は、「かくて王莽は恐懼《きょうく》に堪えず、もはややむを得ないというふりして詔書を受けた」と記しているが、ここでの「ふりする」という表現はじつに簡潔で上手《うま》い。偽君子である王莽の醜態がそれで生き生きと浮かび上がってくるのである。

とにかく王莽という人間は、自分の欲しいものは何でも手に入れながら、表向きではあくまでも無欲な謙遜の士を装う。

『漢書・王莽伝』は、上述の「安漢公称号授与事件」への論評も兼ねて、王莽流の政治工作の手口を次のように描写している。

「王莽はうわべには凜然《りんぜん》たる顔色を示して方直の言を吐いていたが、心に期するところがあれば、風采をもって微《かす》かに諷示《ふうじ》し、一味の者はその意向を汲《く》んで表向きにそれを奏上するのであった。王莽は頭を地につけて敬礼してすすり泣き、固く人を推したりみずから譲ったりした。こうして上は皇太后を惑わし、下は多くの人々に信義を示した」という。

つまり、王莽自身はいつでも「凜然たる」顔をして公平正直の言葉を吐くが、己のためにやりたいことがあれば、いつも部下たちに暗示をかけてそれを進めるように仕向ける。そして、自分が喉《のど》から手が出るほど欲しいものがやっと手に入ってくるときは、彼は必ずや謙遜な顔をしてそれを辞退してみせるのである。そのとき、彼はいつも「頭を地につけて敬礼してすすり泣く」と『漢書・王莽伝』が記しているが、これほどの迫真の演技ができたことが、まさに王莽というこの時代一流の詐欺師の本領であろう。

二人の息子も殺した「聖人王莽」の人間的異常性

「安漢公」の称号を手に入れてから、王莽は着々と皇位簒奪の準備を進めていく。その工作の一貫として、彼はまず、自分の娘を平帝に嫁がせようと画策する。そのときも、いつものやり方として、王莽はけっして自分から、娘を皇后にしたいとはいわない。彼はただ、天下安泰のために早速、皇后を冊封《さくほう》しなければならないという堂々たる正論を吐く。そうすると、その心の内を分かりきった官僚たちはいっせいに上書してきて、口を揃えて「安漢公のご令嬢こそ皇后になるのに最も相応《ふさわ》しい女性」という。一時に一日千人以上の庶民や官僚が、宮殿の正門に来て請願するのである。

すると孝元皇后は早速「安漢公息女、皇后にすべし」との詔書を発したが、案の定、王莽はまたもや平身低頭して数回にわたって辞退する。しかし最後にはもちろん、皇后からの「厳命」に従うかたちですすり泣きながらそれを受諾するのである。王莽の娘はめでたく平帝の皇后となり、「君子」である王莽の目的が完全に達成された。

その後も、王莽は同じような手口を使って、自らの立場を皇帝の座に近づかせるためにさまざまな工作を画策する。元始四年（紀元後四年）、大司徒司直の陳崇は上奏して王莽の功徳を讃え、儒教の最も崇《たつと》ぶ先聖の周公と同一の名誉を与えるべきだと請願すると、太《たい》保《ほ》の王舜《おうしゅん》が出てきて、王莽の功績はすでに周公を超えているから、もう一人の聖人である伊尹《いいん》と周公の両方を合わせた名誉が相応しいと主張する。すると、公卿・官僚の八千人が上書してきて、王舜の論に賛同した。その結果、またもや孝元皇后から詔を発されるかたちで、伊尹（阿衡《あこう》）と周公（太宰《だざい》）の称号を合わせた「宰衡《さいこう》」という称号が王莽に贈られた。もちろん、王莽はいつものように数回固辞したのちにそれを受け入れた。

じつは王莽の皇位簒奪にとって、「宰衡」という称号の授与は大きな意味がある。上述の伊尹は殷《いん》王朝の王様を輔佐した大臣で、周公は周王朝の成王を助けた名宰相だったが、儒教の政治神話のなかでは、二人とも君主になってもおかしくない「聖人」にされている。つまりこの二人は、君主と人臣のあいだにある特別の存在なのである。そうすると、二人の称号を合わせた「宰衡」となったことで、王莽は一般の人臣の枠を超えて、皇帝の座に一歩近づくことができるのである。儒教の世界では「名分」が何よりも大事であるが、王莽はそれを逆手にとって利用した。つまり彼は、名分上の「聖人」になることによって「聖君」への道を開いたわけである。

このプロセスのなかで、王莽は政敵に対する粛清も緩めたことはない。そのとき、彼にとっての潜在的脅威は、やはり現役の皇帝である平帝の母親方の衛氏一族だから、王莽はあの手この手を使って、衛氏一族の本家も分家もほぼ全滅させた。皇帝の生母である衛姫にはさすがの王莽も手を出せないが、前述のとおり、衛姫を都に一歩も入れずに平帝親子を徹底的に隔離したのは王莽の一貫したやり方だ。

しかし、王莽のこのような冷酷極まりのないやり方に対し、意外な人物からの反発があった。王莽の長男で世継ぎの王宇《おうう》である。衛姫に対する王莽の仕打ちを見るに見かねて、王宇は自分の経学の師である呉章《ごしょう》やその親戚の呂寛《りょかん》らと共謀し、王莽の暴走を止めようと工作したが、それが結局、王莽にバレてしまった。

呉章と呂寛は当然捕まって処刑されたが、自分の息子である王宇に対しても、王莽はけっして容赦はしない。牢獄に送られた王宇に、王莽は毒薬を飲ませて殺したのである。

じつは王莽の息子殺しはこれが最初ではない。前述のとおり、彼は一時的に下野《げや》して封地に謹慎した時期があったが、そのとき次男の王獲《おうかく》は、家の奴隷を殺した咎《とが》めで王莽に自殺を強要された。王莽の平素の行ないからすれば、それは当然、己の公平無私さを証明するための行動であろうと理解すべきだが、とにかく、生涯において二人の息子の命を奪ったこの人は、いかに歪んだ人間性の持ち主であるかがよく分かるであろう。

しかし、「精神的異常者」とも思われるようなこの人は、「宰衡」と称されるほどの最高名誉に浴しながら、「聖人」たるものの顔をして漢帝国に「君臨」している。古来より、中国の政治とはいかに偽善に満ちた醜悪なものなのか。

最大の偽君子が演出する「涙と笑い」の皇位簒奪劇

「宰衡」ともなると、皇位にはあと数歩の距離であるが、そのとき王莽の最大の障害となっていたのは、彼自身が皇帝に選んだ漢の平帝である。すでに十代の少年となった平帝が成人して親政を始めると、王莽の最大の後ろ盾である孝元皇后は摂政の座から降りなければならない。王莽にとって、この問題はいつ爆発するか分からない時限爆弾のようなものである。

しかし元始五年、十三歳になった平帝は突如、病に倒れて死去した。王莽にはあまりにも都合のよい出来事である。

それゆえに、王莽による毒殺ではないのか、との説が古来からあったが、その真偽のほどは不明である。『漢書』は「毒殺」には触れていないが、後世に書かれた史書の『資治通鑑《しじつがん》』が「王莽が毒殺した」と明記している。事実関係は別として、平帝の急死は王莽の皇位簒奪にとってあまりにも好都合であることだけは確実だ。

平帝を継ぐ後継者として王莽が選んだのは、宣帝の玄孫二十三人のなかでもっと幼い子で、わずか二歳の劉嬰《りゅうえい》である。そんな幼児を後継者に選んだ理由はいうまでもないであろう。王莽はさらに、「幼少」という理由で劉嬰をすぐに皇帝として即位させないことにした。その結果、劉嬰の身分はたんなる皇太子に留まった。

しかし、そこから一つ大きな問題が生じてきた。漢帝国における皇帝の不在である。皇位は一時的に、空いたままの異常事態となったのである。

もちろん、このような異常事態の出現こそが、むしろ王莽の意図するところである。すると、王莽の心中を「拝察」した公卿や群臣たちがさっそく行動した。彼らはいっせいに朝廷に上奏してきて、「国には皇帝がいないといけない」という理由で、王莽に「摂皇《せっこう》帝《てい》」の立場を与えるよう請願したのである。孝元皇后は当然、この上奏を「可」とした。それで王莽はめでたく、中国史上前代未聞の「摂皇帝」となったわけである。

そのとき、元宰相翟方進《てきほうしん》の息子である翟義《てきぎ》という人は、王莽の皇位簒奪を阻止すべく、地方から兵を挙げた。しかしこの反乱は王莽の派遣した討伐軍によってあっという間に鎮圧され、翟義は無惨に殺された。その後の王莽の報復は凄まじかった。彼は翟義の邸宅を水たまりにしたうえで、地方にある翟方進やその祖先の墓を暴き、一族につながりのある者をことごとく殺した。

人の祖先の墓まで暴いてしまうというこの惨いやり方に、儒教の「聖人」の面影は何一つあっただろうか。

最後の抵抗がねじ伏せられると、王莽による皇位簒奪の準備はほとんど整えられた。そのとき、王莽が必要としていたのはたんなる何かのきっかけ、あるいは口実である。

このきっかけをつくってくれる人が、まもなく出てきた。

平帝死後三年目の紀元後八年、広漢郡（いまの四川省）出身の哀章《あいしょう》という人は、銅製の櫃をつくってそれに「赤帝行璽邦伝予黄帝金策書」と書いた札をつけた。文中の「邦」は漢帝国の創始者である劉邦のことを指しているが、全文の意味は現代文に訳すればすなわち、「天帝が劉邦を通じて伝えたところの命令書」ということである。哀章はさらに櫃のなかに文字を書くための「簡」を入れ、この「簡」には「王莽よ、真天子となれ、皇太后は命のごとくせよ」と書かれていた。それが要するに、「金策書」の命令する内容なのである。

そしてある日の夕方、哀章は櫃を担いで漢帝国の創始者である高祖（すなわち劉邦）の廟へ行って、廟の守護の責任者に渡した。翌日、責任者は早速この一件と「金策書」の内容を朝廷に報告した。王莽がただちに公卿・群臣を集めて「金策書」の意味と対応について討議したところ、群臣たちは一致して、それこそが「摂皇帝」が本物の天子になるべしという天からの命令であり、天命が「摂皇帝」に下されたことの証拠であると主張し、速やかに天命を受け入れて皇帝になるようにと王莽に請願したのである。

今度は、王莽はもはや固辞するような馬鹿な真似はしない。その翌日、彼は早速、高祖廟に上がり、「金策書」の命令に従って皇位の禅譲《ぜんじょう》を受けようと表明した。

このようにして、王莽は堂々と漢帝国を乗っ取って、自前の王朝を創始するに至ったのである。

もちろん「金策書」が出現して以来の一連の動きは、まったく王莽と群臣たちが暗黙のうちに行なった、いわば集団的自作自演であったにすぎない。どこの馬の骨か分からない人間が勝手に作成した「金策書」のおかげで、王莽はその皇位簒奪劇を首尾よく演出することができたのである。

ちなみに、「金策書」を作成した哀章という人は、王莽の新しい王朝では「国将」の官職を与えられ、政権の中枢部を支える重臣の一人となった。邪《よこしま》な「アイディア」一つで、それほどの大出世を果たしたとは、おそらく当の本人も驚いたであろう。

いまに受け継がれる天下一品の「偽善根性」

さて、新皇帝になった王莽には、もう一つの大仕事が残されていた。それはすなわち、彼自身が選んで漢王朝の皇太子に据えた劉嬰への処置である。天下はすでに王莽のものとなったとはいえ、二百年以上も続いた漢帝国に対する人々の敬意や畏怖の念は、そう簡単に消えるわけはない。漢の旧臣たちを安堵《あんど》させるために、劉嬰への対応は丁寧でなければならないことは王莽はよく知っている。

そのために、王莽は元皇太子の劉嬰を招してきて「定安公《ていあんこう》」に封じ、五つの県からなる「定安公国」を彼に与えることを宣した。それが終わると、王莽はわざと皇座から降りて劉嬰の手を握り、「むかし周公は摂政の位にあって、成王に政権を返還することができたが、このたび余は皇天の威命に迫られ、思うようにはできなかった」といって、涙を流してすすり泣いたのである。

これが史書に記載されている、王莽の演出した皇位簒奪劇の最後の一幕であるが、あらゆる悪事を働いて皇位の簒奪を果たした張本人であったのに、被害者であるはずの劉嬰や共謀者である群臣の前では、王莽はやはり「自分は皇天の威命に迫られて、やむを得ず皇帝になった」とのあからさまな嘘を堂々とついて、得意の「すすり泣き」を演じてみせた。

見る人を吹き出させそうな天下一品の滑稽《こっけい》さがあるが、それこそが、王莽という稀代の偽君子にもっとも相応しい歴史的一場面なのである。

漢帝国を乗っ取った王莽の天下はそう長く続かない。上述の皇位簒奪劇の十五年後、農民一揆と地方豪族たちの反乱によって王莽の新王朝が崩壊したのは冒頭に記述したとおりである。

そして王莽自身は、まさに中国史上最大の簒位者と「乗っ取り男」として歴史に記載されることになるのだが、よく考えてみれば、彼がこのような歴史に残る「大仕事」を成し遂げた最大の武器、あるいはその謀略というのは、すなわち「偽善」という二文字である。

要するに、悪事のすべてをやり遂げながら、表向きはあくまでも謙遜無欲の君子であることを徹底的に装うという王莽一流の詐術《さじゅつ》、あるいは君子であることを装うために涙はいくらでも流してみせるという天下一品の「偽善根性」は、王莽という謀略家のもつ最大の強さなのだ。

そして王莽の亡き後、約二千年も続いてきた中国の歴史を見ていると、王莽の遺伝子が確実に受け継がれていて、彼一流の詐術と「偽善根性」をもつ偽君子たちが輩出して後を絶たないことがよく分かる。王莽がその嚆矢《こうし》となった「偽君子」の氾濫は、もはや中国の歴史的伝統の一つとして定着している気がする。

じつは最近でも、たとえば中国の温家宝《おんかほう》前首相は在任当時、農村などの貧困地域へ行けば必ず貧しい家の子供を抱いてテレビの前ですすり泣いたり、あるいは貧しい農家のなかでその家族の人々と貧困な食卓を囲んでみせるが、このような場面を映像で見たとき、私の頭に浮かんでくるのは、やはり「王莽」という二文字である。

第五章

曹《そう》操《そう》と孔《こう》明《めい》

陽気な現実主義者と陰気な精神主義者

エピソードで語られる「詐術の曹操」の素性

大乱世の三国志の時代に輩出した多くの英傑のなかで、権謀術数に最も長けている人物を一人挙げようとすれば、それはやはり曹操《そうそう》となるのであろう。

曹操（一五五年－二二〇年）の出自は後漢王朝の高級官僚としての名門で、本人も二十代から仕官して地方の警察署長や県令（知事）を歴任した。のちに都に呼ばれて騎都尉（近衛騎兵隊長）を務めた。王朝末期、董卓《とうたく》という地方軍閥が中央政界の混乱に乗じて地方から兵を率いて朝廷を乗っ取ってしまうと、曹操は都から脱出して地元に戻り、義勇兵を募って打倒董卓のために挙兵した。曹操、三十五歳のときの出来事であった。

それ以来三十年間、曹操は自らの軍事集団を率いて大小数十回以上の戦《いくさ》を戦い抜いて、競合する多くの軍閥勢力を打ち破った。その結果として、彼は中国の北部、昔でいう中原地域のほぼ全部を制圧して自らの政権基盤をつくりあげた。曹操自身は終生、皇帝と称することなく、あくまでも後漢皇帝を奉る漢の宰相の立場を貫いたが、彼の死後に息子の曹《そう》丕《ひ》の手によって魏《ぎ》の国が建国された。魏・呉《ご》・蜀《しょく》の三国のなかで一番強大な国であるが、それは紛れもなく、曹操という不世出の英傑が残した遺産である。

そして、三十年間にわたる天下取りの戦いのなかで、曹操は人智の限りを尽くし、ありとあらゆる謀略や詐術を用いて数々の好敵手を倒していった。そのため、彼は当代一流の謀略家としての威名を天下に轟かせただけでなく、いわば「詐術の曹操」として中国の歴史上に名を残した。

「詐術の曹操」とは、いったいどのような人間なのか。三国時代の歴史を最も正確に記録した正史として知られる陳寿《ちんじゅ》著『三国志』は、その「魏書・武帝紀」のなかで、曹操の人となりについて冒頭からこう記述している。

「曹操は、若いころから機知に富み、権謀にたけていた。侠気にまかせて勝手放題、学業には見向きもしない」（筆者注：本章での『三国志』の現代日本語訳は、「中国の思想」刊行委員会編訳『正史三国志英傑伝』徳間書店、一九九四年版を参照）。

ただし、正史の『三国志』は簡潔さをあまりにも重視するがためか、人物にまつわるエピソードの紹介などはほとんど書こうとしない。たとえば曹操の場合、彼は若いころからどのように「権謀にたけていた」かについて、記述はまったくない。

『三国志』のこのような欠点を補うために、陳寿死後三百年が経った南北朝の時代、南朝の宋の官僚である裴松之《はいしょうし》は、骨組みとしての正史の記述に「血肉」としての注を付けることにした。いわば「裴松之注『三国志』」である。そのなかで裴松之は、正史の本文に三倍する膨大な資料やエピソードなどを付け加えることによって、歴史の真実と人物たちの行状に迫ることができた。

たとえば曹操に関する記述の場合、彼が少年時代からいかに権謀術数に長けていたかについて、裴松之は次のようなエピソードを披露している。

曹操は少年時代、鷹狩りや競犬にうつつをぬかし、遊びほうけていた。それを見た叔父が、折にふれて曹操の父親である曹嵩《そうすう》に告げ口する。それが曹操には鬱陶《うっとう》しくてたまらない。

ある日、道で叔父と出くわしたとき、彼はわざと顔を引きつらせ、口をゆがめてみせた。

「何だ、どうしたのだ」と叔父が聞くと、

「急に顔がしびれまして」と答えた。

叔父が早速、父親に知らせる。父親はびっくりして曹操を呼んだ。だが、顔にはどこも異常がない。

「叔父さんの話では、顔がしびれているそうじゃが、もう治ったのかね」

「でたらめですよ。叔父さんには嫌われていますから、ありもしないことをいわれたんでしょう」と曹操が答えた。

父親は訳が分からなくなった。それからは叔父が何をいってきても、もはや信じようとはしない。曹操はますますやりたい放題にふるまった。

このエピソードは、曹操について語る多くの歴史書や小説が必ず引用するほど有名なものである。考えてみれば、それはたしかに、ふつうの悪ガキとは大いに異なった「謀略少年」曹操の凄みを鮮明に浮き彫りにしたものであろう。

曹操少年が上述の芝居を打った唯一の目的はすなわち、自分の遊びほうけの邪魔になる叔父の告げ口を止めさせることである。筆者自身も、悪ガキだった時代、自分たちの遊びが誰かに邪魔されたときの悔しさを何度も体験したものだから、曹操少年の気持ちは分からないわけでもない。しかし、おそらくわれわれふつうの悪ガキの場合、たとえば曹操少年の直面した状況と同じ状況下におかれても、考えつけるような「打開策」はせいぜい、自分の叔父に取り入って告げ口を止めてもらうか、あるいは叔父の目を避けて密かに遊びほうけるか、といった程度の「姑息《こそく》」なやり方であろう。が、曹操少年は全然違った。

彼はむしろ、叔父の信用失墜を図ることによって、その告げ口を無効にする方法を取った。大胆奇抜でありながら問題の解決には最も合理的かつ有効な方法である。もちろんそのために彼は、叔父と父親の両方を欺《あざむ》くことになったが、曹操少年はそれを気にするような気配はまったくない。あるいは、彼の謀《はかりごと》で父親と叔父とのあいだに溝ができ、それはやがて親族の和を乱すことになるかもしれないが、それもまた、曹操少年の知ったことではない。自分の好きな遊びを続けていくために、彼はどんな手でも平気で使うのである。

しかも、叔父を騙すためにわざと「顔を引きつらせ、口をゆがめる」その演技の迫真さ加減、父親からこの一件を問われたときに何も知らぬ顔をして叔父を攻撃する「悪党ぶり」の堂々さ加減は、一少年の所為であるとはほとんど信じられない。中国史上屈指の

「姦雄《かんゆう》」（腹黒い英雄）である曹操の原点はまさにここにある。

「わしが天下の人々を裏切ることがあっても……」

裴松之注はまた、後に独自の軍事勢力を擁して天下取りの戦いを進めた最中の、曹操のもう一つのエピソードを披露している。

ある日、軍を率いて敵の討伐に赴いた曹操は、兵糧が心細くなってきた。彼は早速、兵糧係を呼んできて、

「今後、兵隊に食糧を配るとき、枡《ます》を小さくしてやろう」と命じた。

兵糧係がそのとおりにやっていると、やがて将兵たちのあいだで、曹操がみなを騙しているという噂が流れた。曹操はまた兵糧係を呼んできて、「みなの者を納得させるためには、どうしてもお前から一物《いちもつ》を拝借するしかない」といった。

「何をお借りになるのですか」と兵糧係が驚いて聞くと、

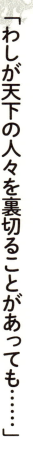

「分からんのか、お前の首なんだ」と曹操は笑っていった。

こうして曹操は兵糧係を斬ってさらし首にして、

「この者は、小枡を用いて軍糧を盗みしかどにより、斬罪に処せり」と布告した。

このエピソードからも、曹操という稀代の謀略家は、たとえば自分のつくりあげた組織の内部でも、つねに冷酷な詐術を用いたがっていたことがよく分かる。兵糧係はたんに曹操の命令に従って小枡を使っただけのことなのに、それが将兵の不満を招くと、曹操は何の躊躇いもなく彼にすべての罪を被らせ、その首までを「拝借」して将兵たちの怒りを鎮めた。この場合、彼は兵糧係だけでなく自分の将兵たち全員を欺いたことになったが、曹操は当然、そんなことを何とも思っていない。おそらく曹操にとって、自分の手足となる部下も将兵も、たんなる道具にすぎず、騙す必要のあるときには騙し、殺す必要のあるときには殺せばよいのである。

同じ裴松之注の記述によると、曹操はかつて次のような名言を吐いたことがある。

「わしが天下の人々を裏切ることがあっても、天下の人々は誰一人として、わしを裏切るようなことは絶対許さん」と。

この名言が吐かれたときの状況について、裴松之注のなかでもいくつかの説があるので定かではない。とにかくこのセリフにこそ、曹操という謀略家のすべて、そして曹操と本書に登場してくる数々の中国謀略家たちとの共通点が凝縮されているような気がする。

要するに曹操、あるいは曹操たちからすれば、もし「天下」と「己」が天秤にかけられた場合、「天下」よりも「己」のほうがはるかに大事なのはむしろ自明のことである。己の目的達成のために、「天下」というものを利用するのもよいし、あるいは裏切るのもよいが、「天下」の人々のために己が奉仕するような精神は毛頭ないのである。

考えてみれば、このようないびつな「天下観」こそ、天下を動かしてきた中国の一流の謀略家たちに共通した精神的基軸でもある。自分一人の出世のために天下六国を駒のごとく動かした蘇秦がそうであったし、己の保身や権力欲のために秦帝国を破滅に導いた秦の重臣の李斯や趙高もそうであった。そして三国志の「姦雄」曹操もしかりである。

そういう意味では、過去数千年間、「天下の人々」、すなわち中国大陸に生きていた人民たちは、いつまでもそれらの野心家や謀略家に利用されて欺かれて裏切られて生きてきたというのが、すなわち中国史そのものなのである。

現実主義精神がつくりあげた陽気な悪党

曹操はたしかに上述のような手段を選ばない「腹黒い」権謀家ではあるが、唯一救いとなるのは、彼の「腹黒さ」にはいわば陰湿さのようなもの、あるいは偽善家的匂いがまったく伴わないことである。曹操はむしろ堂々と、しかも豪快に、ありとあらゆる悪事をやり遂げてみせた。彼は終始「陽気な謀略家」なのである。

のちに書かれた歴史小説の『三国志演義』は、劉備玄徳《りゅうびげんとく》のつくった蜀の国を漢を継ぐ正統とし、曹操を後漢王朝の簒奪《さんだつ》を企む「逆賊」とみなす立場から、曹操のことをとくに悪く描いてみせていることは周知の事実だ。しかしそれでも、『三国志演義』を読んでいると、曹操という人物はなかなか「憎めない」というのが、多くの読者の率直な感想であろう。その理由の一つはやはり、悪党であるはずの曹操の豪快さとその陽気さにあるのではないかと思う。いってみれば、悪いことでも、豪快にして陽気にやっていれば、人から好かれるものなのである。

曹操人気を生んだもう一つの理由は、やはり彼の腹の太さである。つまり、彼はたんなる「姦人《かんじん》」として腹の黒い人間ではなく、むしろふつうの人間よりは何十倍も腹の太い傑物だ。だからこそ、不世出の「姦雄」と呼ばれるのである。

曹操の腹の太さを十分に伝える有名なエピソードは、曹操がその生涯で遭遇した最強の敵、袁紹《えんしょう》と対決したときの出来事である。

袁紹は当時、中国北部において最大の地盤と軍事力をもち、天下取りの戦いにおいては最も優位に立っていた。さまざまな軍閥勢力が戦いに敗れて消えていくなか、いつの間にか、袁紹勢と曹操勢は北部に残された最後の二大勢力となった。当然のこと、この二大勢力が全面対決する時がやってくる。

二大勢力といっても、袁紹の経済力と軍事力は、曹操のそれをはるかに凌いでいる。紀元一九九年、曹操が四十五歳のとき、袁紹は大軍を擁して曹操の本拠地である許《きょ》を目指して進攻し、曹操勢との最後の決戦を挑んできた。曹操もやむを得ず、軍勢を率いて官渡《かんと》の地の周辺で袁紹軍と対峙したが、袁紹の軍勢は十数万であったのに対して、曹操軍はわずか一万足らずだった。

曹操軍には勝算があるどころか、むしろ風前の灯火だった。

まさにそのとき、曹操陣営のなかから、曹操軍の大敗・滅亡を見通して、袁紹に内通を求めた者が数多く出た。彼らは袁紹に密かに手紙を送り、袁紹への寝返りと協力を表明して「戦後」における自分たちの命と地位の保証を乞うたのである。

しかし結果的には、曹操は袁紹軍の兵糧運送隊を奇襲するなどの奇策を用いていくつかの戦果を収め、ついに袁紹の大軍を打ち破って奇跡的な勝利を手に入れた。中国北部における曹操勢力の覇権も、まさにこの一勝において確立されたものである。

さて、対袁紹戦争の勝利後、曹操軍は袁紹の司令部から多くの地図や書類、珍宝などを没収したが、そのなかには、曹操勢の内部で袁紹に内通した者たちの手紙が多数含まれていた。それらの手紙は全部、曹操の手元に届けられた。

そのとき曹操のとった処置は、まったく意外なものだった。彼はなんと、部下の高官たちを集めてきて、皆の前でそれらの手紙をすべて焼き捨てたのである。

高官たちのなかには、斬罪を覚悟していた人が多くいたはずだから、曹操のとった処置を見て、彼らは一様に胸を撫《な》で下ろして感激したであろう。そして次の瞬間、おそらく彼らの誰もが、「主《あるじ》の曹操はこれほど寛大な人間だったのか」と驚いたにちがいない。

というのも、彼ら自身がよく知っているとおり、平素の曹操は、けっして人を簡単に許すような寛大な人間ではない。むしろ報復心の異常に強い人だったからである。

たとえば、曹操が自分の名目上の「主」として奉っていた漢の献帝《けんてい》の皇后である伏《ふく》氏に対してである。皇后の伏氏はある日、父親の伏完《ふくかん》に送った手紙のなかで、宰相でありながら皇帝を無視して権力を欲しいままにしている曹操への不満を書き記したが、それが発覚すると、曹操はただちに宮殿に兵を送り、伏氏をつまみ出して殺した。それに連帯して、伏氏の父親も兄弟も皆殺しにされた。

曹操はまた若いころ、彼のことを軽んじたり傷つけたりしたとされる袁忠《えんちゅう》、桓邵《かんしょう》、辺《へん》譲《じょう》の三名がいたが、曹操は大きな勢力をもった暁《あかつき》に、彼ら本人だけでなく、その家族全員まで殺したのは有名な話である。袁忠と桓邵に至っては、曹操の報復を恐れてその勢力圏以外の交州に避難したにもかかわらず、曹操はわざわざ交州大守のもとに使者を送り、彼らの一族を皆殺しにしたと、前出の裴松之注が記している。

報復にかける曹操の執念はそれほどの深いものだから、彼がけっして心の寛大な人でないことはよく分かる。何しろ、「わしが天下の人々を裏切ることがあっても、天下の人々は誰一人として、わしを裏切るようなことは絶対許さん」というのは、曹操にとって座右の銘だからである。

しかし、袁紹に内通したという立派な裏切り行為に対してだけは、曹操はどうしてあっさりと許してしまったのだろうか。

裴松之の注の記述によれば、曹操自身は自分のとった処置についてこう説明しているという。「袁紹の強さの前には、この私でさえ身を保つのが危ういほどだった。まして、他の者たちなら、なおさらのことだ」と。

それはおそらく、曹操が本心から吐いたセリフであろうと思う。つまり曹操は、現実というものを非常に冷徹に見ているのである。当初、袁紹軍の圧倒的な強さの前では、曹操軍は大敗して滅ぼされるだろうというのがむしろ大方の予測である。じつは曹操自身も、わが身を保てるかどうかまったく確信がもてない状況だった。こうしたなかで、曹操の部下たちが保身のために袁紹に内通していったのも、客観的に見ればむしろ至極当然のことである。大乱世の中で人々が生き残っていくための術《すべ》でもある。

曹操はまさに、現実に即した客観的な目から部下たちの裏切りを見て、「それは仕方がない」と判断して彼らを許したのであろう。そして曹操はおそらく、それらの部下たちの有能さを認めて彼らを引き続き使いたいし、強敵の袁紹が滅んだ以上、彼らは今後、このようなしようもない裏切りを二度とやらないだろうと判断したと思われる。

死ぬまで貫いた現実主義

現実に沿ったこのような冷静な判断を下したとき、おそらく曹操は自分の部下たちが「忠義の士」であるかどうかを全然気にしていなかったはずである。いわば「忠義」という儒教的道徳主義の視点からすれば、曹操の部下たちの行為はまったく許すことのできない「不忠」であろうが、曹操はべつに、そのような抽象的な道徳観念や感情に縛られるような人間ではない。彼は人間の弱みをよく知っているし、人間が己の保身のためにどんな裏切りでもやれることを誰よりもよく分かっているからである。

だからこそ彼は、現実上の必要さえあれば、「不忠」でも「裏切り」でも何でも淡々と許すことができる。要するに、曹操の腹の太さの背後にはあるのは、彼という人間の行動原理のベースとなった、一種の徹底した現実主義精神ではなかろうかと思う。権謀術数好きなマキャヴェリストは、往々にして冷徹な現実主義者である場合が多いが、曹操はまさに、このような現実主義者としてのマキャヴェリストの典型例である。

いまのエピソードとも関連があるが、じつは、上に立つ者としてどのようにして人材を選ぶかの「人材観」に関していえば、中国の歴史上、曹操ほど徹底した現実主義者はほかにいない。

彼が一人の男を人材として用いるかどうかの唯一の基準は、すなわちその男が曹操自身のために「役に立つかどうか」であって、それ以外はいっさい不問にしているのである。有能な人間であれば、家柄や出自はもとより、その人の素性《すじょう》も品行も道徳性も、いっさい問わないのが曹操流の人材の選び方だった。

前漢王朝の初期、兄嫁と密通したり賄賂を受け取ったりするような不祥事を起こしていながら、天下を安泰させたという名宰相の陳平《ちんぺい》がいたが、曹操が五十六歳のときに公布した「求賢令」（賢明な人材を求める令）では、わざと陳平の例を引き合いに出して、「わしが求めているのはまさにこのような人材だ」と天下に宣言した。

前漢の武帝の時代、儒教が「国教」として地位を確立したことは前章に記述したとおりだが、後漢時代の二百年を通して儒教の国教化はさらに進み、仁や義に通じた潔白清廉《せいれん》の士であることは人間評価の最大の基準となった。このような時代的風潮のなかでは、兄嫁と密通しながら賄賂まで受け取るような人間はほとんど「人間のクズ」だと見なされる立場であるが、曹操はそんなことをまったく意に介していない。むしろ堂々と、「わしはまさにこのような人間を人材として求めているのだ」と宣言するのである。あたかも、いまの日本国総理大臣が記者会見でも行なって、「泥棒であれ汚職官僚であれ、有能であれば誰でも私の内閣にどうぞ」と宣《せん》したかのような吃驚《びっくり》仰天の「快挙」である。

そこはまた、曹操の腹の太さと豪快さの見せどころであるが、このような人材観の背後にあるのは、やはり彼一流の徹底した現実主義、あるいは合理主義の精神であろう。現実の目的達成のために役に立つかどうかの一点にすべての判断基準をおくことは、まさに現実主義・合理主義精神の原点たるものである。

二二〇年、曹操はその六十六歳の人生に幕を下ろしたとき、次のような遺言を残している（三国志「魏書・武帝紀」）。

「天下はまだ安定していないので、（自分の葬式は）古式にならう必要はない。葬儀が終わったら、喪に服することをやめよ。駐屯地にいる将兵は、全員そこを離れてはならぬ。各官ともそれぞれの職務を遂行せよ。遺体には平服を着せ、金銀珍宝の副葬はやめよ」

この遺言を読んだとき、筆者は微《かす》かな感動さえ覚えた。生涯をかけて三国志の大乱世を戦い抜いたこの不世出の英傑は、自らの死後の「善後策」を、いかにも冷静に、しかも即物的に淡々と語っているからである。

当時、高貴な人が亡くなった場合、親族や臣下たちが長い期間の喪に服するのは習慣となっていて、埋葬の際には金銀珍宝の副葬も必要とされていた。しかし曹操からすれば、それらのものはすべて、何の意味もない無用の長物なのである。為政者としての彼の望むことはただ一つ、将兵や官吏たちが自分たちの持ち場をきちんと守って職務を遂行することであり、自分のつくった政権の基盤が揺るぎないものになることであろう。

曹操は人生の最後まで、その澄み抜けた現実主義の精神を完璧に貫いたわけである。稀代の悪党、そして冷徹な現実主義者として生きた彼の人生はまた、中国謀略家の一類型をつくりあげたことになるのである。

陰気な田舎青年が織り成す超一流の天下取り戦略

本章のもう一人の主人公である諸葛孔明（一八一年－二三四年）は、人格的あるいは性格的には、曹操と正反対の人であるともいえる。正史の『三国志』を読んでいても、あるいは歴史小説としての『三国志演義』を読んでいても、孔明は曹操の持ち味である豪快さとか陽気さとかとはあまりにも無縁な人間であることがよく分かる。

孔明は、いまの中国山東省にある琅邪郡《ろうや》の出身で、父親が地方の副知事を務めたという官僚の家系である。しかし幼いころ父親と死別したため、叔父の諸葛玄《しょかつげん》が中国南部の予《よ》章《しゅう》（いまの江西省《こうせい》南昌市《なんしょう》）の太守（知事）となって赴任するにあたり、孔明は兄弟姉妹とともに叔父に伴われて予章に移った。この移住は孔明の人生への影響が大きい。それが原因で、のちには中国の北方・中原地域ではなく、むしろ南方の揚子江流域が孔明の活躍の場となったからである。

叔父の諸葛玄は結局、赴任地で殺されることになった。後ろ盾を失った孔明一家は、またもや安住の地を求めて転々とし、最後にはいまの河南省南部の南陽に住み着いた。南陽の隣には襄陽《じょうよう》という街があったが、孔明の家は襄陽城の西二十里の隆中《りゅうちゅう》にあった。この隆中こそが、のちに有名な「三顧《さんこ》の礼」と「隆中対《たい》」の舞台となる場所である。

孔明が隆中に住み着いたのは二十代前半であろうと推算されているが、考えてみれば、彼のそれまでの人生はじつに苦難に満ちたものである。若いうちに父親が死に、叔父を頼りにして南方まで追従してきたのに、今度はまた叔父が殺された。二十代そこそこの歳で、彼は兄弟姉妹からなる一家を背負って乱世を生きていかなければならないという大変な立場となったのである。

このような人生の境涯のためか、孔明は若いころから思慮深く慎重な性格を形成すると同時に、いわば陽気さと正反対の「陰気さ」をどこかで帯びるようになっていた。

『三国志』の記述によると、隆中に住み着いてからの孔明は、農耕生活のかたわら「暇があると梁父《りょうほ》の吟《ぎん》を好んで歌っていた」という。

孔明が歌うのが好きな「梁父の吟」とはどういうものか。じつは孔明の故郷にある山東省の泰山《たいざん》の近くに、「梁父」と呼ばれる小さな山がある。そこは昔から周辺地域の人々の墓地となっていた。したがって「梁父の吟」というのはまさに、死人を「梁父」へと送るための「挽歌《ばんか》」なのである。

おそらく孔明は、故郷の歌謡である「梁父の吟」のメロディーにさまざまな自作の歌詞をつけて歌っていたのだろうと思うが、二十代そこそこの青年が、毎日のように暗そうな顔をして死人を送るための悲しい挽歌のメロディーを口にしていたのである。

このような場面を想像してみると、この若者がいかに気の難しそうな陰気な人間であるかがよく分かるであろう。とにかく「二十代からの挽歌好き」というのが、孔明という人間の青春時代のイメージなのである。

その一方、孔明の自分に対する評価はきわめて高い。彼は「つねづね自らを管仲《かんちゅう》、楽毅《がっき》になぞらえていた」と『三国志』が記している。管仲は春秋戦国時代の名宰相で、斉の国の桓公《かんこう》をもり立てて天下の覇者にしたことで歴史に名を残した。楽毅は戦国時代の燕の国の名将である。隣の巨大国である斉が燕に攻め込んできたとき、周辺諸国の王を説いて五カ国連合軍を結成し、斉の七十余城を攻め落として燕の危機を救ったという伝説的な功績の持ち主である。

孔明はまさに、この二人の歴史人物に自らをなぞらえた。いってみれば、彼は自分自身のことを、名宰相の管仲と名将の楽毅の両方の資質を兼ねた、文武両道の逸材であると自任している。隆中の地で農耕生活を送っている一介の二十代の若者にしては、何ともいえぬような尊大さであるが、この「陰気」な若者はじつはとびきりの自信家でもある。

孔明の自信満々のなぞらえをたんなる大風呂敷だと思った人も多いが、地元の名士である崔州平《さいしゅうへい》と徐庶《じょしょ》の二人だけは彼のことを高く評価して、「たしかにそのとおりだ」と認めた。

そして、そのなかの一人である徐庶の推薦で、孔明と劉備との運命の出会いが実現したわけである。

そのとき、中原での天下取りの戦いに連戦連敗した劉備は、残党を率いて南方に逃れてきて、いまの湖北省にある荊州《けいしゅう》を支配下におく劉表《りゅうひょう》という地方軍閥の傘下に入った。彼が劉表から命じられた駐屯地は新野《しんや》であるが、そこは孔明の住む隆中から程近い。ある日、地元の名士である徐庶が劉備に会いにきた。劉備は喜んで彼を幕下に迎えたが、徐庶はさっそく劉備に進言した。

「諸葛孔明という男は臥龍《がりょう》（昇天の時機を待つ龍）です。一度、お会いになってみてはいかがですか」

「そなたが連れてきてくれぬか」

「あの男はこちらから出向いて会いに行くべきで、呼びつけるような人物ではありません。なにとぞ将軍おんみずからお出向きのうえ、ご対面くだされますよう」と徐庶はいった。

劉備はいわれたとおり、みずから隆中に出かけ、三度目にしてようやく「臥龍」の孔明と会うことができた。

劉備は人払いのうえ、漢の皇室の権威を利用してみずからの勢力拡大を図る曹操に対抗して漢王朝を再興しようとするみずからの抱負を熱く語り、そのための戦略を孔明に問うた。

この問いに対し、孔明の口から滔々《とうとう》と吐かれたのが、のちに「隆中対」と呼ばれる名回答である。「対」とは君主の諮問《しもん》に対する臣下の答申の意味だが、孔明はそこで、天下の大勢に対する自分の分析を明快に展開したうえで、劉備の勢力拡大と漢皇室再興のための大戦略を一気に披露してみせたのである。

孔明は曰く、いまの天下の大勢では、曹操勢は中国北部の広大な土地を拠点にもち、百万の大軍を擁して漢の皇室の名において天下に号令する立場だから、正面切って対決すべき相手ではない。一方、中国南方の揚子江下流地域、すなわち現在の江蘇省や浙江省や安徽省などからなる華東地域では、孫権《そんけん》の東呉政権が三代にわたって支配を固め、民生はたいへん安定しており、軍事力もけっして侮《あなど》れない。これはまた味方にすべき勢力であって、敵に回してはいけない。

それなら、一番弱小である劉備勢は、いったいどこでその勢力を伸ばしていくべきなのか。孔明が目を付けたのは、揚子江中流の荊州とさらに上流のほうの益州（現在の四川省）である。

孔明はいう。荊州は、北には天然の防衛線としての漢水があり、南には南海につらなる広大な土地があり、東は呉の国、西は益州と境を接して、まさに天下制覇の拠点となるべきところ。しかるに、いま荊州を支配している劉表はたいへん無能で、とうてい守り通せない。つまり、天が荊州を将軍（劉備）に授けてくれたようなものだ。それをありがたくいただこう、と。

また益州は、山などの天然の要害に囲まれた沃野千里《よくやせんり》の天与の穀倉地帯だが、支配者の劉璋《りゅうしょう》は無能であり、内政の面でも人民に十分な恩恵を与えることができず、人々は名君の到来を待ち望んでいる状況である。

したがって、劉備勢が進めていくべき天下取り戦略は明らかである。荊州と益州から現在の支配者を追い出して、この二つの地域を根拠地として手に入れる。そして、西方と南方の異民族を手なずけ、孫権の東呉政権と友好関係を結び、内政を充実させていく。しかるべき時機が来たとき、荊州と益州の両方から軍勢を進めて北部の曹操勢力を攻めていけば、天下統一の夢も漢皇室再興の大業も成し遂げられるであろう。

以上は孔明の「隆中対」の粗筋であるが、それは間違いなく、戦略好きな中国の歴代謀略家たちが織り出した戦略のなかでも超一流の絶品であろう。

隆中という田舎で農耕生活を送っていたはずの二十七歳の若者は、天下の大勢を冷静にかつ正確に見据えたうえで、いまだに人の居候《いそうろう》となっているような弱小勢力の劉備に対し、「これで天下が確実に取れるぞ」との自信満々な献策を行なったのである。

その大胆不敵さはまさに目を見張るものであろうが、孔明の語った天下取りの戦略というのは、じつに重厚にして冷徹、スケールの壮大なものである。

要するに、いまさら天下取りのレースに参加していく弱小勢力の劉備は、すでに強大勢力となった曹操や孫権と争っても無駄なので、まず弱い相手を選んで簡単に取れそうな地盤から取っていこう、という明快な戦略発想である。そしてそのターゲットを、大きな経済的・軍事的潜在力をもちながら主がきわめて無能である荊州と益州に定めたことは、まさに「臥龍」と称される孔明一流の慧眼《けいがん》である。

このような巧妙にして壮大な戦略を、田舎に住む孔明という一人の若者が頭のなかで練り上げるとは、まさに驚嘆すべき奇跡というしかない。その背後にあるのはもちろん、孔明がもつ一種の異能としての情報収集力と分析力であろう。

孔明の「隆中対」を読んで、筆者が真っ先に思い出したのは、やはり本書の第一章の主人公である蘇秦のことだ。時代的状況は異なるものの、ある意味では、この二人の謀略家はまさしく同類である。己の頭一つで天下の大勢を把握してスケールの大きな戦略を練り上げ、それを実施させることによって天下というものを動かしていく、その気概と英知と胆力こそが、二人の共通した持ち味だからである。時代を隔てて、蘇秦のDNAが脈々と受け継がれて、孔明という傑物の出現につながったわけである。蘇秦一流の中国式謀略は、やはり永遠不滅である。

「隆中対戦略」の快進撃と挫折、および孔明の無謀

さて、「隆中対」の後に、孔明は首席幕僚として劉備勢に加わった。その後、劉備勢のとった一連の動きと天下の趨勢《すうせい》は、まさに孔明戦略の描いたシナリオどおりの展開となっていった。

劉備はまず、東呉政権の孫権と連合して南侵してきた曹操を「赤壁《せきへき》の戦い」で打ち破ったのち、その勢いをもって劉表亡き後の荊州を支配下に置いた（二〇八年）。その三年後の二一一年、益州を支配している劉璋陣営のなかから、主の劉璋を裏切って益州を劉備に売り渡そうとする重臣、二名が出てきた。彼らの働きかけによって、劉備軍は劉璋の北方防備の「援軍」として招かれて益州に入ってきたが、「援軍」であるはずの劉備軍が突如、主の劉璋に弓を引いた。数年にわたる長期戦の末、劉備は劉璋を滅ぼして益州をまんまと掌握した（二一四年）。

このようにして、まさに「隆中対」の予言したとおり、劉備勢はやがて荊州と益州という二つの戦略的根拠地を手に入れて、天下制覇の基盤を固めた。劉備はさらに益州の北と境を接する漢中地域も占領した。いわば魏・呉・蜀三国鼎立《ていりつ》の天下大勢がそれで確立したわけである。

しかし、孔明戦略に基づいた劉備勢の快進撃と勢力拡大はこのあたりで踏みとどまった。絵に描いたような孔明戦略の展開が、早くも破綻を来《きた》しはじめたのである。

益州を掌握したのち、劉備はさっそくその中心都市である成都《せいと》に移り住み、自分の本拠地とした。劉備の右腕となった孔明も一緒に成都に入った。もう一つの根拠地である荊州は、劉備の兄弟分の名将である関羽《かんう》が留守番として守護することになっているが、劉備勢の中枢部と主力軍から遠く離れた荊州の防備はやはり薄い。二一九年、東呉政権の孫権軍は奇襲をつかって荊州に攻め入り、関羽を殺して荊州を奪った。

益州と荊州という二つの根拠地から天下制覇を目指していくという「隆中対」戦略は、本格的な展開を見せる前に、すでにその一角が崩れたのである。それ以後、劉備政権は益州という一地方を基盤にして当初の戦略を進めていくしかなかったが、じつは荊州が取られた時点で、劉備勢による天下統一の夢はすでに潰《つい》えたといってよい。

関羽戦死の翌年、一世の雄である曹操がこの世を去り、息子の曹丕は政権の基盤を受け継いで皇帝の位につき、魏の国を建国した。

その翌年の二二一年、劉備も成都の地で漢の王朝を継ぐかたちで皇帝の座につき、自らの国をつくった。『三国志』のなかの「蜀の国」（蜀漢）の誕生である。そのとき諸葛孔明は蜀の国の丞相に任命されたが、二三四年に五十四歳で死ぬまで、彼はずっと丞相の座にいた。

帝位についた翌年、劉備は「東呉の孫権政権との友好関係維持」という「隆中対」の戦略に反して、兄弟分である関羽の仇《かたき》をとるために大軍を率いて揚子江を下り、東の孫権勢と全面対決した。しかし結果は散々な大敗であった。大敗を喫した劉備は、都の成都に二度と戻ることなく、揚子江沿いの白帝城《はくていじょう》にとどまって病に伏した。劉備はやがてここで死ぬことになるが、息を引き取る前に、彼は孔明を病床に呼んで息子の劉禅《りゅうぜん》を託したことは有名な話である。

時は二二三年、孔明は四十二歳。隆中で「梁父の吟」を歌っていたあの陰気な青年は、いまや蜀の国の事実上の最高権力者となり、「三国鼎立」のなかの一国を背負っていく立場となっているのである。

劉備が亡くなった翌年から、劉禅という馬鹿二世皇帝のもとで蜀の国の全権を握った孔明は、さっそくみずからが「隆中対」で策定した天下制覇戦略の本格再開に着手した。彼はまず、南方の異民族地域を平定して南の守りを固め、長期的な軍事行動の展開を支えるための内政の充実も図った。そして軍勢を再編して訓練を強化し、本格的な軍事攻勢の展開に備えた。

二二七年、劉備死去のわずか四年後、孔明はいよいよ、北にある魏の国に攻め入るための北征を始めた。出兵するにあたって、孔明が名目上の皇帝である劉禅に奉ったのが、かの有名な「出師《すいし》の表《ひょう》」である。

この年以来、孔明は大軍を率いて延べ五回の北征を試みた。わずか八年のあいだに行なわれた五回の軍事遠征だったが、周知のとおり、そのすべては失敗に終わってしまい、遠征の目的が達成されたことは一度もなかったのである。

あれほど謀略と兵法に長けていた孔明が、どうして五回もの連戦連敗を喫することになったのか。

じつは天下の大勢から考えてみれば、孔明遠征の連敗はむしろ当然の結果であることが分かる。

そのとき魏の国は、広大な中国北部、現在でいえば河北省・河南省・山東省・山西省・陝西省を含めた黄河流域のほぼ全体を支配して、当時の中国大陸の富と人口の少なくとも半分以上を掌中に収めている。孔明自身も「隆中対」のなかで指摘したように、「百万の大軍」を擁している魏の国はあまりにも強大な相手なのである。

一方、孔明の蜀の国の国勢はいったいどうであったかといえば、正直、それは魏の国とは比べものにならないほど貧弱なものである。荊州を失った後に、蜀の国が実質上支配しているのは、いまの四川省の大半と陝西省の南の一部である。領土の広さといえば、せいぜい魏の国の四分の一程度であろう。農耕社会の時代、土地の広さはすなわち国力の大きさであるから、強大国の魏と比べれば、蜀の国がいかに弱小国であるかがよく分かる。実際、孔明の亡き後に蜀の国が魏によって併合されたとき、蜀全体の人口数は百万足らずで、武装将兵の数は十万程度であったという記録があるから、その国力・軍事力は魏の国の十分の一程度だったと考えるのが妥当であろう。

つまり、益州という一地方の力をもって中国の半分を有する魏の国に攻め入ってそれを滅ぼそうと考えるのは、最初から無理にして無謀な話なのである。しかし孔明はまさに、このような無理と無謀を五回もやり通して、自らが陣中において死を遂げるまでやりつづけた。何かに取り憑《とっ》かれているかのような不思議な行動だが、「隆中対」であれほどの冷徹な戦略を打ち出した孔明にしては、信じられないほどの愚挙でもあろう。

「出師の表」に隠された孔明の精神主義

孔明はいったいなぜ、客観的な情勢をそこまで無視して北征に情熱を燃やしたのだろうか。

その答えは、やはり上述の「出師の表」にあるような気がする。

じつは「出師の表」はその冒頭から、むしろ客観的な情勢に対する冷静な分析から始まる。

曰く、「先帝（劉備）は天下統一の大事業の半ばで崩御されました。いま、天下は蜀・魏・呉の三国に分裂するなか、わが益州の国力は衰えはて、存続できるかどうかの瀬戸際にあります」と。

つまり孔明は、三国鼎立のなかで、蜀の国、すなわち益州は国力が衰えていて一番危ない状態であることがよく分かっているのである。

それが分かっていながら、あえて貧弱な国力を絞り出して北征に挑む理由はいったいどこにあるのか。「出師の表」は上記の情勢分析に続いてこう語っている。

「しかるに、内にあって文官たちが政務に励み、外においては武官たちが死を賭して働いているのは、ひとえに先帝からこうむったご恩顧を、陛下（劉禅）にお返ししようとしているからにほかなりません」

要するに孔明はここでは、客観的な状況がどうであろうと、先帝である劉備の「ご恩顧」に報いるために、自分は「死を賭して」でも北征に踏み切らなければならない、と述懐しているのである。

そして「出師の表」の後半、「先帝への報恩」というモチーフはふたたび登場する。

「私はもともと一介の平民で、南陽で畑仕事をしていた者です。……しかるに先帝は私ごとき者のためにわざわざ三度までも茅屋《ぼうおく》をお訪ねくださり、天下の形勢についてご下問くださいました。私はこれに感激し、先帝にお仕えすることを誓ったのです。……先帝は私が慎み深いのをよく承知で、崩御されるとき、私に天下平定の大事業をなしとげるようお託しになりました。以来、そのご遺命にたがわぬよう日夜、心を砕いてまいりました。

……いま南方の平定も終わり、軍備も充実したうえは、まさに三軍を率いて中原を平定すべき時です。微力を尽くし、敵を討ち滅ぼし、漢皇室を再興して旧都洛陽に帰還したく、これこそ先帝のご恩に報い、陛下に忠を尽くすためになすべき私の本分です」

このように、蜀の国の国力がすでに衰えているにもかかわらず、あえて北征に打って出る理由に関して、孔明は、自分が先帝の劉備からこうむったご恩と、そのご恩に報いなければならないという自分なりの心情的論理を延々と述べているのである。

しかし「出師の表」の全体を読んでいると、北征をやらなければならないという客観的必要性に対する説明や、北征の勝算に関する冷静な分析などが一行も出ていないことがすぐに分かる。唯一の情勢分析はすなわち上述の「益州は衰えている」であるが、それ以外は「報恩」というキーワードで語られているような心情的論理だけが目立っている。

そして、まさにこのような心情の論理を貫いていくために、北征がまったくの無理と無謀であると分かっていながらも、孔明はやはり悲壮なる決意をもって軍事行動の開始に踏み切ったのではないかと思われるのである。

「清廉潔白の士」は、はたして民を幸せにするか

じつは第一回目の北征が失敗に終わって、孔明が第二回目の出兵を開始する前、「後出師の表」というものを奏上したが、この「後出師の表」の締めくくりの部分においてこそ、孔明一流の心情論・精神論が赤裸々に吐露されている。

ここで孔明は、「赤壁の戦い」以来の天下の情勢の激変や劉備政権の成功と失敗を振り返ってみて、「天下の大勢というものは、ことほどさように計りがたいものであります」と嘆いた後に、次のように締めくくった。「私はただ死力を尽くし、北征を敢行する所存であります。成否のほどは、私ごときのよく計り得るものではありません」と。

この締めくくりの一節を読んでいると、晩年の孔明はもはや現実無視のあやふやな精神主義者となっていたことがよく分かる。「北征」という国家の存亡に関わる大事業を続行するにあたって、蜀の国の最高責任者であり、この大事業の実行者でもある孔明が、「成

否のほどは、私の計り得ることではありません」という無責任極まりない言葉を堂々と吐いたからである。

客観的に見て、北征が成功できるかどうかはまったく分からないが、とにかく「自分は死力を尽くしてやる」ということとなると、そこにはもはや、「隆中対」で見られたような冷徹な戦略家の面影のかけらもない。あるのはただ、自らの心情的論理に駆り立てられて無謀な国家事業をあえて敢行していくという、超精神主義者としての「狂人」の姿である。

じつは日常生活の面においても、孔明という人間はじつに精神主義者の名に相応しい清廉潔白の士だったことで知られている。それは蜀の国の最高権力者であった彼が、子孫に残した財産はただの「桑八百株、痩せた田十五頃《けい》（中国古来の土地面積単位、一頃は約六六六七アール）」であることからもよく分かる。「淡白」にして「無欲」というのは、まさに孔明の人となりそのものである。

そういう意味では、孔明と本章のもう一人の主人公の曹操とは正反対のタイプであろう。道徳倫理なんかを屁とも思わない強欲の悪党である曹操を前にしては、孔明はまさに絵に描いたような「聖人君子」の見本であるが、その一方、徹底した現実主義の精神を死ぬまで貫いた曹操に対し、冷静な戦略家であるはずの孔明は最後にはやはり、悲壮なる精神主義に走ってしまったのである。

あるいは、孔明という人間の心の根底に最初からあったのは、戦略とも謀略とも無縁な精神主義の世界ではなかったか。「梁父の吟」という悲しい挽歌を何よりも好んだ孔明青年の内面に広がる精神主義的世界にこそ、諸葛孔明という歴史人物の根っこがあったのであろう。

だからこそ、あれほど頭脳明晰にして冷静な戦略家であったはずの孔明が、晩年になってはむしろその地金《じがね》を出してしまい、ほとんど自己陶酔的な精神主義に走ってしまったのである。

しかし、蜀の国の最高責任者となった晩年の孔明がとった精神主義的政策は、彼自身にとって一種の自己陶酔となっても、蜀の民にとってはむしろとんだ災難のはずであろう。

蜀の国の人口数が百万人未満であったことは前述のとおりだが、孔明が十万人程度の大軍を動かして無謀な北征を五回も敢行している八年間、人民の十人のなかの一人が連続の戦いに駆り出されただけでなく、軍需物資の供給などの面でも大きな負担を強いられたであろう。そしてこの戦争は、蜀の国にとっても蜀の民にとっても、何の意味もない無駄な戦争であることはいうまでもない。それはたんなる、孔明の、孔明による、孔明のための戦争なのである。

つまり蜀の民たちはむしろ、諸葛孔明のとてつもない精神主義の犠牲となったわけである。中国の歴史上、民が強欲な悪党たちの餌食になることはよくあるが、孔明の例を見てみると、実は彼のような正真正銘の清廉潔白の君子としての為政者のもとでも、民は相変わらず理不尽な負担と犠牲を強いられる立場にあるのだ。

いってみれば、統治者が悪党であれ君子であれ、いつでも苦しめられるのは民のほうだ。何という哀れな立場なのか。

この視点からすれば、中国の歴代謀略のなかで珍しく清廉潔白を貫いた諸葛孔明も、本質的には他の謀略家たちとさほど変わらない。本書に登場している蘇秦や王莽や曹操などの悪党謀略家は、己の私利私欲のために天下万民を道具のごとく利用したのに対し、孔明はむしろ、己の心情的論理や精神主義のために国家万民を無駄な戦争に駆り立てたわけである。「己の何らかの目的達成のために天下を利用し民に犠牲を強いる」という点では、彼らはまったくの同類なのである。

第六章

則天武后《そくてんぶこう》

男たちの権力秩序を覆した天下の「悪女」

「則天武后」とは何者だったのか

前章の主人公である曹操や諸葛孔明が活躍した三国志から約四百年後の六一八年、中国大陸では唐《とう》の王朝が立った。それまでには、大乱世の南北朝時代や短命政権の隋《ずい》王朝時代があったが、唐王朝の創建により、中国はふたたび長期的な安定と繁栄の時代に入った。あるいは、唐王朝の成立をもって、中国はその歴史上もっとも絢爛《けんらん》豪華な時代を迎えた、というべきであろう。

唐王朝の安定と繁栄の基盤をつくったのは、王朝の二代目皇帝で、中国史上きっての名君といわれる唐太宗《たいそう》その人である。彼の名君ぶりは日本でもよく知られているものだから、ここでは詳しく記述しない。とにかく、多くの有能な臣下を抱えて彼らの意見に謙虚に耳を傾け、最善と思われる治国の方策を練り上げて着々と実施していくという唐太宗の政治的スタイルは、その後の歴代王朝でも皇帝たるものの見本とされているのである。

本章の主人公である則天武后《そくてんぶこう》（六二八年？－七〇五年）は、まさにこの一代名君との関係をもったことから、歴史の舞台に登場してきたのである。

太宗治世の貞観《じょうがん》十五年（六四一年）、中央官僚の家に生まれた武照《ぶしょう》という十四歳の少女が選ばれて後宮に入り、妃の一人となった。それがすなわち、のちの則天武后である。

入宮して八年目に太宗が崩御したため、武照は多くの妃たちと一緒に尼寺に入れられて亡き皇帝の菩提を弔《とむら》う日々を送ったが、後述するような経緯により、彼女は次代皇帝の高《こう》宗《そう》に見初《みそ》められて高宗の妃として再度入宮した。二十五歳のときであった。

それからわずか三年後、武照は現役の皇后を引きずり下ろして唐帝国の皇后の座に昇り詰めて武后となった。さらに数年後には、武后は皇帝に取って代わって政務を仕切り、唐帝国の事実上の最高権力者となっていった。そしてそのときから三十数年間の長きにわたって、武后は帝国の実質上の支配者でありつづけた。

女性として帝国の政治権力を握ることは、すでにこの時代のタブーを破った驚天動地の革命行為だったが、紀元六九〇年、則天武后が六十三歳のとき、彼女はそれこそ中国史上空前絶後の革命を断行した。唐帝国を乗っ取って自らが皇帝の座につき、自分の王朝をつくったのである。則天武后はそれで、中国史上唯一の女帝となった。

もちろん、それだけの革命を成し遂げるまでには、則天武后は数多くの修羅場をくぐり抜けて、生きるか死ぬかの権力闘争を四十数年以上も勝ち抜いてきた。闘争に勝つためには、彼女はありとあらゆる悪辣《あくらつ》な謀略を駆使して残酷な手段の限りを尽くした。それがゆえに、彼女は中国史上屈指の謀略家の一人に数えられ、「稀代の悪女」との名声を歴史に残した。

則天武后が行なった最大の政治闘争はすなわち、自分が皇帝となるための地ならしとしての大粛清だった。紀元六八六年、則天武后は前代未聞の密告奨励制度を実施して、官僚をターゲットとする密告を全国に呼びかけ、大いに奨励した。そして「酷吏《こくり》」と称されるならず者出身の悪党たちを使って、密告された者たちへの尋問・裁判を行なった。そのなかで、残忍無類の拷問と芋づる式の連累追及が横行して多くの人々とその家族の命を奪い、全国の官僚集団を恐怖のドン底に陥れたのである。

スターリンの大粛清や毛沢東の「文化大革命」を彷彿《ほうふつ》とさせるような残酷極まりない政治闘争の手法であるが、則天武后という女性政治家は、どうしてそこまで冷酷になれたのだろうか。どうしてそれほどの残忍な恐怖政治をやらなければならなかったのだろうか。

そしてそもそも、皇后の座に昇り詰めて女性としての栄華の頂点に達した後に、彼女が依然として権力への執念に情熱を燃やして、権力の奪取と保持のための戦いに明け暮れたのは、いったいなぜなのだろうか。彼女という人間を半世紀にわたっての激しい権力闘争に駆り立てた原動力とはいったい何ものだったのか。

中国史におけるこの大きな謎を解くために、われわれはまず一度、彼女が十四歳で太宗の後宮に入ったときの話に戻り、則天武后の原点たるものを探ってみよう。

尼寺で生涯を終える運命の才人、武照

十四歳で太宗の宮殿に入ったとき、武照に与えられた位は非常に低かった。唐の後宮制度では、皇帝に仕える女たちに厳格な階級がある。皇后一人の下に、貴妃《きひ》・淑妃《しゆくひ》・徳妃《とくひ》・賢妃《けんひ》各一人の妃があり、その下に九嬪《きゆうひん》といって昭儀《しようぎ》・昭容《しようよう》以下の九段階があって各一人。

その下にさらに美人《びじん》・才人《さいじん》が各九名あるが、武照の位は才人である。皇后を頂点とする後妃たちの序列のなかでは、武照はたんなる下っ端にすぎなかった。

妃の一人として、彼女は太宗のお召しを受ける機会もあったと思われるが、皇帝から格別に寵愛《ちようあい》された痕跡はまったくない。貞観二十三年（六四九年）に太宗が崩ずるまで、武照の位は才人のままであった。

いってみれば、十四歳から太宗に仕えて八年、武照は宮殿のなかでずっと不遇の日々を送っていたわけである。美貌で、才知があり、しかも人一倍気の強い武照にとって、嫉妬や暗闘や陰湿ないじめが横行する後宮での「下積み生活」がどれほど酷《ひど》いものだったかは、おおむね想像できよう。この八年間の下積み生活こそが、のちに稀代の女謀略家、残忍な悪女として知られる則天武后を形づくった最初の人生体験だったのかもしれない。

貞観二十三年に太宗が崩御すると、武照はよりいっそう不幸な人生を迎えることになった。当時の制度にしたがって、亡き皇帝のお召しを受けたことがあって子供を生まなかった妃や宮女たちは全員、後宮から出てお寺に入り、尼となる定めであった。才人武照も、他の妃たちとともに長安の感業寺《かんぎようじ》という尼寺に入れられ、髪を剃って出家した。先帝の菩提を弔いながら、花も咲かず実も結ばない悲惨な生涯を送る運命となった。

この年、二十二歳で花盛りの青春の真っ只中にあった武照にしては、それはあまりにも理不尽、あまりにも残酷な運命だったのではないか。

儒教的思想に基づいてつくりあげられた中国の政治秩序と後宮制度は、つねに女たちに多大な犠牲を強いる。武照も多くの犠牲者のなかの一人として、尼寺のなかでその惨《むご》い生涯を終えるはずだった。

もちろん、そんなこととなっていたら、われわれがここで「則天武后」を語るようなことは永遠にないが、武照一人だけは、儒教と権力によって強いられたこの過酷な運命から逃れることができた。おそらく中国史上空前絶後の出来事であろうが、亡き皇帝の「未亡妃」として尼寺に入れられたはずの彼女は、今度は次代皇帝の妃として宮殿に返り咲いたのである。

『旧唐書』や『新唐書』などの正史に記述された、その一部始終はこうである。

先代皇帝の太宗が崩御すると、太子の李治《りち》は即位して高宗となった。じつは太宗が病床に伏していたとき、李治は太子として日夜太宗の寝殿に侍したが、そのとき武照も妃の一人として太宗の看病をしていたから、太子の李治と皇帝の妃の武照は何度も対面を重ねたという。

そのなかで、一青年としての李治と、花盛りの美女としての武照とのあいだでどのような感情的ふれ合いや心の鼓動があったかは本人たちしか知らないが、とにかく、妃だった武照の姿が若き太子の心に深く刻まれたことは確実だったようである。

そして太宗が死去して太子の李治が次代皇帝の高宗となると、武照にとっての幸運の扉が開かれた。

太宗を葬ってまもなくであろうが、故太宗の忌日《きじつ》に、高宗は武照のいる尼寺に臨幸した。太宗のための「行香《ぎょうこう》」、すなわち焼香供養を行なうためであったという。そしてそこで、高宗と武照とは「偶然」に再会することになった。再会した二人は互いの顔を見て感泣し、長く離れた恋人同士が再会した瞬間を彷彿させるような感動的な場面だった。

後のことはすべて、高宗と武照の思惑どおりに運ばれていった。じつはちょうどそのとき、高宗の後宮では二人の女性のあいだで女の戦いが繰り広げられていた。正式の皇后である王《おう》氏には子がないから、高宗はもっぱら男の子を生んだ淑妃の蕭《しょう》氏を寵愛した。業《ごう》を煮やした王皇后は、何とかして蕭氏を高宗から引き離したいところだが、なかなか決め手が見つからない。

そこに、高宗と武照が尼寺で対面して感泣した場面が、皇帝の侍女によって王皇后に報告された。蕭氏対策で苦慮中の皇后は閃《ひらめ》いた。高宗がそれほど武照のことを思っているならば、武照を入宮させて高宗の側に置くと、高宗の心はきっと蕭氏から離れるだろうと王皇后は思った。

皇后はさっそく賢妻として「上意を察した」かたちで、武照の再入宮を高宗に提案した。高宗としてはまさに渡りに舟で、すぐさま応諾した。武照はそれで、尼寺からの奇跡的な再入宮を果たしたのである。

高宗という青年皇帝が武照に対して抱く密かな愛情と、自らの後宮闘争に高宗の愛情を利用しようとする王皇后の思惑が一致したことで、この前代未聞の再入宮劇が実現したわけであるが、武照にとってそれはまさに、地獄のような絶望感を味わったのちに突如訪れてきた起死回生の幸運だったのである。

「乱倫」から始まった則天武后の戦い

考えてみれば、その時代に生きていた多くの女性と同様、武照のそれまでの人生はまさに権力によって翻弄《ほんろう》されてきた哀れなものだった。十四歳のときに皇帝の「愛玩物候補」として後宮に入れられ、下積みとしての不遇の日々を八年も送った。太宗の死後はまた、権力の論理にしたがって尼となることを強いられ、青春と人生の墓場であるはずの尼寺で生涯を送る運命となった。

幸いにして、彼女は今度、王皇后による後宮の権力闘争の道具として再入宮させられた。武照はそれで、いったん落ちていった地獄からの蘇生を果たして、栄華と前途洋々の人生に返り咲いたのである。

このような経緯からすれば、宮殿に戻ったときの武照の気持ちはどういうものであったか、おおむね察しがつくであろう。

彼女は心のなかできっと、尼寺での絶望の日々にはもう絶対戻るまい、と誓ったはずであろう。絶望のドン底から脱出した人は、もう二度とその絶望感を味わいたくはないのだ。武照にしてみれば、これからどんなことがあっても、あのような絶望的な地獄生活はもうまっぴらごめんなのである。

そのために何をなすべきか。聡明な武照は十分に分かっていた。いままでの自分の人生はまさに権力に翻弄されて危うく葬られるところだったが、二度とそんなことにならないためには、歩むべき道は一つしかない。それはすなわち、権力に接近して権力を自分の手に入れ、権力そのものと一体化していくことである。そしてそうすることによって、何ものによっても支配されず、自分自身の運命の支配者となるのである。

武照はまさしく、このような思いを心のなかに抱いて宮殿に戻ってきたのではなかろうかと、筆者は想像する。実際にも、まさにその日から、彼女はその波乱に満ちた権力闘争の生涯を始めた。六五三年に高宗の後宮に入ってから七〇五年に中国史上唯一の女性皇帝として退位するまでの五十二年間、武照という人間は一日の息抜きもすることなく、ありとあらゆる謀略を弄んで権力の奪取と権力の保持のための熾烈残酷な権力闘争に明け暮れていたのが、れっきとした歴史の事実なのである。

よく考えてみれば、女性として権力の頂点に昇り詰めた則天武后の原点はまさしく、権力に翻弄されて絶望の地獄へと陥れられたその苦い人生体験にあったのではないかと思う。二度とそのような絶望感を味わいたくないという必死の決意こそ、半世紀にわたっての絶えざる政治闘争に彼女を駆り立てていった最大の原動力だったのではなかろうか。

そういう意味では、女としておびただしい権力闘争を勝ち抜いた則天武后の戦いは、男たちによってつくりあげられた権力の秩序に対する挑戦の連続だったと理解することもできようが、じつは彼女が高宗の妃として再入宮したこと自体、まさに王朝の秩序に対する武照の初挑戦だったのである。

漢王朝の武帝の時代、儒教が王朝政治のイデオロギーとしての地位を確立したことは本書の第四章でも述べたところだが、唐王朝の時代でも状況は同じである。とくに前王朝の隋の時代に科挙制度が導入されてから、儒教の「国教化」はよりいっそう進んだ。唐王朝も当然、科挙制度を受け継いでそれを充実させている。

科挙制度では、官僚になるための試験をパスするのに、儒教の経典の勉学が何よりも大事とされているから、試験をパスして官僚となった人々のほぼ全員がバリバリの「儒教頭」となっていることは自然の成り行きである。

そして儒教的考えからすれば、先帝太宗の妃であったはずの武照が息子の高宗の妃として再入宮するようなことは、あまりにも荒唐無稽《こうとうむけい》な「乱倫」であり、驚天動地の一大スキャンダルなのである。儒教の影響が多少残っている現代の日本や中国でも、死んだ父親の女がそのまま息子の嫁になるようなことはやはり大半の人々の顰蹙《ひんしゅく》を買うことだから、唐王朝の時代、儒教的思想で固まった官僚たちは、武照の再入宮に対してどれほどの憎悪感をもっていたかは想像に難くないだろう。

そして儒教的伝統にしたがって、官僚たちはその際、皇帝自身を批判することも皇帝に批判的感情を抱くことも懼《おそ》れているから、彼らはもっぱら、その憎悪の矛先を武照に向けた。要するに官僚たちからすれば、「女」という武器を使って皇帝の高宗を誘惑して「ご乱心」させた武照こそは悪の根源であって、大唐帝国の秩序を乱した元凶なのである。

のちに高宗が死に、則天武后が皇太后として権力を握ったとき、李敬業《りけいぎょう》という人を中心とする失意組の官僚たちが揚州で「打倒武氏」の兵変を起こしたことがある。そのときに彼らの飛ばした檄文《げきぶん》のなかに、則天武后を名指しして「美貌で帝の心を巧みにとらえ、わが陛下を乱倫の極みに落とし入れた」と罵倒《ばとう》する文句があるが、それはある意味では、当時の官僚集団の共通した認識を代弁したものであろう。

つまり、唐王朝の権力の土台を支える官僚集団からすれば、武照という女こそは、絶対許すことのできない天下の悪人なのである。

だとすれば、再入宮してから二度と権力に翻弄されまいと誓って権力の奪取に情熱を燃やしている武照は事実上、全官僚集団を敵に回して戦っていかなければならなかった。後述で分かるように、権力を手に入れてからの約半世紀間、武照は恐ろしいほどの謀略と残忍な手段をもって官僚集団に対する凄まじい戦いと粛清を展開していったが、彼女が後宮に返り咲いたその日から、この壮絶な戦いはすでに始まっていたといってよい。それと同時に、儒教で固められたこの国の秩序との全面対決も、則天武后という人間の背負っていく運命となったのである。

皇后に取り入りながら皇后の座を狙う

武照が高宗の後宮に入ってからわずか三年目にして、彼女と官僚集団との全面対決は早くもやってきた。

発端をつくったのはむしろ武照のほうだった。妃の一員である彼女は高宗に働きかけて、現役の王皇后を廃して自らが皇后となるよう画策したからである。

ここではまず、入宮してから皇后の座を狙うに至るまでの、武照の戦いの跡を辿ってみよう。

奇跡的な入宮を果たしたのちに、武照は自らの地位を固めるためにいくつかの方策を講じた。その核心的方策はすなわち、身と心をもって皇帝の高宗に徹底的に尽くして彼の愛情をしっかりとつなげておくことである。それが当時の彼女にとって、自分の地位を守る最善の方法なのである。

そのときの武照の高宗に対する姿勢について、史書は「武后は身を屈して辱を忍び、もって上意に奉順す」と記している。「上意」とはすなわち「皇帝高宗の気持ち」という意味だが、武照は屈辱を忍ぶまでして高宗の気持ちに迎合しようとしたことが、この一行の記述からも分かる。皇帝の愛情をつなぐために、彼女はいったいどれほど苦心したであろうか。

武照のとったもう一つの方策は、王皇后に徹底的に取り入ってその歓心を買うことである。史書では、「武后は辞を低くして体を降し、もって皇后に事《つか》える。皇后は喜び、たびたび帝にそれを誉める」と記されている。つまり武照は、皇后の前では言辞と態度がつねに慇懃《いんぎん》を極めていて、皇后を大いに喜ばせている。そして皇后は皇帝に会うたびに、彼女のことを誉めまくっているのである。

その一方、武照が密かに狙っているのは、他ならぬ皇后の玉座である。彼女は入宮してまもなくして、高宗から「昭儀」の位を与えられた。以前に太宗に仕えたときよりも数段上の階級となったが、武照は当然、それで満足できるわけはない。彼女の目指すところはやはり、皇后として後宮の頂点に立つことである。

そのためにはまず、いまの王皇后を皇后の座から引きずり下ろさなければならない。武照は日ごろは慇懃な態度と笑顔一杯で王皇后の歓心を買いながらも、虎視眈々《こしたんたん》と皇后降ろしの機会をうかがっていた。

そのとき、武照は高宗とのあいだで李弘《りこう》という名の皇子がすでに生まれていた。皇子を生んだことで、宮中における武照の立場はさらに強化されただけでなく、皇后になるための地ならしもそれでできたわけである。

しかしそれでも、現役の皇后の廃位を計るのはそう簡単なことではない。皇后は良家の淑女から選ばれて国家的儀式において正式に冊立《さくりつ》された以上、よほどのスキャンダルや失敗がないかぎり、それを簡単に廃位できないこととなっている。しかもいまの王皇后は、子がないという弱み以外には、ほとんど非の打ちどころのない「良い国母」として認知されている。彼女を皇后の座から引きずり下ろすのはきわめて難しい。

もちろん、難しいからといってすぐ諦めてしまうのは武照のスタイルではない。尼寺での地獄のような絶望を味わって返り咲いてきた彼女には、すべての難題を乗りこえて権力への道を進む決意はすでに固まっていたはずである。

王皇后を引きずり下ろすための機会が向こうからやってこないなら、自分の手でそれをつくりだせばよい、ということになるのだが、武照は実際、そのとおりのことをさっさとやってしまった。しかも、ふつうの人間の想像力をはるかに超えた極端な手段をもってである。

わが子を殺してしまう母親の謀略

武照は皇子の李弘を生んだのにつづいて、女児の一人を出産した。産後まもなく、王皇后は皇后の務めの一環として、武照の出産見舞いを兼ねてこの嬰児《えいじ》を見るために、武照の住む宮殿を訪れた。あいにく武照は不在だったため、皇后はいわば母性本能の発露なのか、赤ちゃんを抱き上げ、しばらくあやしてからベッドに下ろし、そのまま部屋を出ていった。

しばらくして、朝儀を終えた高宗が赤ちゃんを見るためにやってきた。武照は愛想よく高宗を出迎えて、赤ちゃんを見せるためにそれをベッドから抱き上げたところ、嬰児はすでに死んで冷たくなっていた。

武照は驚愕してわっと泣き出し、侍女を呼んできて、「誰か人がここに来なかったか」と問い詰めた。

侍女は、「先ほど、皇后様がお見えになられただけです」と答えた。

それを聞いた高宗は激怒して、「皇后のやつめが、朕《ちん》の娘を殺したのか」と怒鳴ったという。

高宗はおそらく当時の状況証拠からして「やはり皇后がやった」と判断したが、決定的な証拠もないので、事件は結局うやむやにされた。しかしこの一件以来、王皇后に対する高宗の不信と憎悪が決定的なものとなった。「皇后廃位」の発端がつくられたのである。

だとすれば、「嬰児殺害事件」発生の最大の受益者はすなわち武照であるが、じつはこの事件は、ほかならぬ武照自身が皇后を陥れるためにしかけた罠だったと考えられている。

つまり、赤ちゃんを殺害したほんとうの下手人《げしゅにん》はけっして王皇后でも何でもなく、まさしく赤ちゃんの母親である武照その人だった。
『新唐書』などの正史に記述されている事件の真相はこうであった。その日、皇后が赤ちゃんを見に来るとの知らせを受けた武照は、わざと自分の部屋から出て不在を装った。そして部屋には侍女なども置かないことにした。皇后がやってきて赤ちゃんを抱き上げて退出した直後、武照は密かに部屋に戻って嬰児を絞め殺した。そしてもう一度部屋から出て、高宗が来るのを待っていた。高宗がやってくると、「嬰児死亡の発見」という上述の一幕が、武照によって演じられたのである。

母親が自分の生んだ赤ちゃんを絞め殺したとは、にわかに信じられない話であろうが、それはいくつかの正史がきちんと伝えた「史実」である。たとえば『新唐書・后妃伝』には「武昭儀ひそかに兒を衾下《きんか》に斃《たお》す」と記してあり、『資治通鑑』はさらに「昭儀ひそかにこれを扼殺《やくさつ》して、これを覆うに被を以てす」と、「扼殺」であることを明記している。

また、当時の状況から見ても、皇后がやってくるのを事前に知っていたはずなのに、武照が不在となったのはやはり不審だし、皇后が退室してから嬰児がただちに死んでしまったのもタイミングがよすぎるから、嬰児の死はやはり、武照による作為の結果であると考えるべきであろう。

どうやら正史の記述したとおり、武照は自分の生んだ嬰児を自分の手で殺したわけである。

しかしそれは、どれほど恐ろしいことなのか。猛獣の動物でさえ、自分の赤ちゃんを嚙《か》み殺すようなことはめったにしないのに、一人の人間界の母親は、自分の政治的野心の実現のために、自分の腹を痛めた子供を絞め殺してしまい、何の抵抗力もない嬰児からその幼い命を奪ったのである。

中国の歴史上、あるいは各国の歴史上、何らかのやむを得ない事情により、自分の肉親や子供を死に追いやる人物はもちろん他にもいる。日本人の徳川家康も、かの天魔・織田信長の命令に逆らいきれず、わが子を自殺させたことがある。

しかし武照の子殺しは全然違う。彼女に自分の子供を「殺せ」と命令する人間や強要する人間は一人もいなかった。彼女はべつに、自分の子を殺さなければ事が済まないような「やむを得ない事情」に遭遇したわけでもない。彼女はただ、自分の野心実現のために、自分が練り上げた謀略にしたがって、みずから進んで自分の子を殺した、ということなのである。

なんという恐ろしいほどの母性喪失なのか。なんという人間性の歪みなのか。権力への野心が、一人の若き女性をそれほど冷酷な「悪魔」たらしめてしまうとは、まさに驚くべきことである。

権力の座に昇り詰めるために、あるいは権力の取得を通じてこの世の栄華富貴を手に入れるために、どんな惨いことでも平気でやるというのは、本書に登場してくる多くの謀略家や権力者たちの最大の共通点でもあるが、その極め付きはやはり武照であろう。彼女は道徳倫理の最低限の壁を簡単に突き抜けて、自分自身の母性と人間性を完全に殺してしまうまで、権力の亡者になりきったからである。

武照という女性をこのような人間にしたのは、いったい何だったのか。筆者の見るかぎりでは、やはり尼寺で味わった地獄のような絶望感こそが武照を武照たらしめた最大の要因ではなかろうか。もう二度とああいう境地に落ちたくないという必死の決意は、権力に対する武照の異常な執念を生み、彼女の心を文字どおりの「鬼」にさせてしまったのであろう。

そういう意味では、「魔女」武照の誕生は紛れもなく、女を愛玩物や道具だと見なす男たちの権力の論理の産物なのだ。もし彼女が最初から後宮に入っていなければ、もし彼女に亡き皇帝の「未亡妃」として尼寺に入れられたような悲惨な人生体験がなければ、おそらく武照はただのふつうの女性として平凡な生涯を送っていたかもしれない。が、男社会の理不尽と手前勝手は結局、武照という稀代の魔女をつくりだし、それを歴史の舞台に登場させたわけである。

そして、いったん政治の舞台に上がってくると、武照の野望はもう誰も止められない。自分の子供にまで手を下した彼女には、恐れることはもう何もないし、躊躇《ためら》うことはもう何もない。彼女はそのときから、権力の頂点を目指して一路快進撃しながら、男たちのつくった秩序を次から次へと破壊していった。

皇后廃立をめぐっての全面決戦

例の嬰児死亡事件で王皇后を窮地に追い込んだ日から、武照の本番の戦いが始まった。王皇后に嬰児殺害の疑惑をかけることはたんなる前哨戦であって、武昭儀のほんとうの目標は、王皇后に取って代わって自らが皇后となることである。

そのときの高宗はもうすっかりと武昭儀の虜《とりこ》となってしまい、彼女の頼みなら何でも聞くほどの「愛妻家」となっている。武昭儀が王皇后の廃位と自分の皇后冊立を迫ると、高宗もその気になってしまった。そのために結成された「高宗・武昭儀夫婦同盟」はいよいよ動き出した。

しかし、皇后廃立を目指す「高宗・武昭儀同盟」が遭遇したのは、重臣たちを中心とする官僚集団の激しい抵抗だった。

当時の朝廷制度では、「国母」である皇后の廃立は国家の大事であるから、皇帝といえども一存では決められない。重臣たちの合意が必要とされている。とくに唐王朝の場合、皇帝が臣下たちの意見に耳を傾けるべきとの風潮が先帝の太宗時代からかなり定着しているので、重臣たちの意向は無視できない。

王皇后の廃位に反対する重臣グループの巨頭は、官僚集団の頂点に立つ大尉の長孫無忌《ちょうそんむき》である。彼は青年時代から先帝の太宗と親交があり、太宗の腹心として数十年も政治の中枢部に身をおいた。そして太宗崩御のさい、次代皇帝となる高宗の輔佐を頼まれた一人である。彼の官位である大尉はまた、元勲のみに与えられる「三公」の第一位である。

長孫無忌の下に、太子太師、すなわち皇太子の補導役である長老の于志寧《うしねい》と、尚書右僕射《うぼくや》として実質上の総理大臣職を務める褚遂良《ちょすいりょう》の三名ががっちりと固まって、「高宗・武昭儀同盟」の企みに真っ正面から立ち向かう構図となった。

一方の「高宗・武昭儀」サイドは、トップクラスの重臣からの「総スカン」を喰った以上、ランクが一段下の大臣のなかから支持者を見つけなければならない。ちょうどそのとき、中書舎人（現代日本風でいえば総理官邸の上級職員）の職にある李義府《りぎふ》という人物が、何かの理由で大尉の長孫無忌に睨まれて地方へと左遷される予定となった。それを事前に知った李義府は、保身のために乾坤一擲《けんこんいってき》の賭けに出た。彼は高宗に上表して、王皇后を廃して武昭儀を皇后にお立てになるようにと請願したのである。

高宗と武昭儀にとって、それは思わぬ援軍の出現である。高宗はさっそく李義府を召見《しょうけん》して誉めの言葉を賜わり、ともに策を練った。彼の左遷はただちに取り消され、まもなくして舎人から一足飛びに中書侍郎（内閣官房副長官）を拝命した。いつの時代でもそうであるが、機を見るのに敏である人は出世のチャンスを掴む。

李義府の大出世に刺激されたのか、礼部尚書（現在でいう文部大臣）の許敬宗《きょけいそう》も「高宗・武昭儀」の陣営に加わった。それで、皇后の廃立問題をめぐって、朝廷では二つの陣営ができあがって対峙する局面となった。

両派の最初の正面衝突の場となったのは、六五五年九月、高宗が皇后の廃立問題を議するために開いた御前会議の席上であった。御前会議の出席者は、長孫無忌、筆頭将軍の李《り》勣《せき》、于志寧、褚遂良の四名だったが、李勣を除けば、全員はバリバリの廃立反対派であることは上述のとおりだ。推進派の李義府や許敬宗は位が低いため、御前会議への参加はできなかった。

会議が始まって、高宗が廃立の件を切り出すや否や、尚書右僕射の褚遂良はさっそく御前に進んで、猛烈な反対論を展開した。「皇后は名門の出自であり、かつ先帝（太宗）が陛下のために選んで娶《めと》られたお方であられる」といって、いわば「出自」の論理と先帝の権威をもちだして高宗に反発した。高宗はたいへん不愉快であったが、それに反論する術もなく、その日の会議は何の結論もないまま解散となった。

しかし「高宗・武昭儀」サイドはそれで諦めるわけにはいかない。翌日、高宗は同じメンバーを招集して同じテーマの会議を開いた。今度は将軍の李勣が病気という理由で欠席となったから、反対派の気勢はよりいっそう盛り上がった。

先陣を切ったのは、やはり総理大臣職の褚遂良だった。今度彼が反対の切り札としてもちだしたのは、武昭儀は先帝の太宗に仕える身であったという一件である。「武氏が先帝にお仕えしたことは衆人のひとしく知るところ、天下の耳目を覆うことができましょうや。万代ののち、陛下をば何と考えるでしょうか。願わくは熟慮していただたい。臣がいま陛下に逆らい奉ること、罪まさに万死にあたります」と言い放つと、褚遂良は手にもった笏《しゃく》を殿の階段におき、頭巾を脱いで叩頭《こうとう》流血して、死を決しての抵抗を示した。

このように迫られると、さすがの高宗も激怒して、「こいつをつまみ出せ」と護衛兵に命じた。

そしてそのとき、高宗の背後にある簾《すだれ》の後ろから、「そんなやつは殴り殺してしまえ」と、武昭儀の金きり声の叫びが聞こえてきた。じつは武照はずっと簾の後ろに座って事態の推移を固唾《かたず》を呑んで見守っていたのである。褚遂良が彼女はもともと太宗のお手付けであったとの一件をもちだして皇后の冊立に激しく反対すると、武昭儀もいよいよ堪忍袋の緒が切れて、なかば狂乱の状態になったのである。

じつはこの一幕においてこそ、武昭儀の皇后冊立に関する争議の焦点が浮かび上がってきている。要するに儒教的思想で固められた彼ら重臣たちは、「先帝の女」が今上《きんじょう》皇帝の皇后となるようなことを絶対に許せないと思っていたのである。だからこそ褚遂良は、高宗と重臣たちの前で、「親父の女を自分のものにした」という高宗の恥部を堂々とさらけ出して、皇帝に対する命がけの反抗を試みた。彼にしてみれば、それは自分の信ずるところの儒教的理念と秩序を守るための決死の行動だったのであろう。

結局この日の御前会議も、皇后廃立の結論が出ることなく、高宗と武昭儀にあれほど反抗した褚遂良に対する処罰もなかった。反対派の重臣たちの完全な勝利だったのである。

皇后廃立の工作はそれで頓挫したかのように見えるが、「高宗・武昭儀同盟」と反対派の重臣グループとの対立だけは深まっていくばかりである。

このままでは唐王朝の朝廷は空中分解してしまうのではないか、との心配が出ているなか、事態の収拾に動き出したのは筆頭将軍の李勣である。

李勣は唐王朝の天下取りの時代から太宗に追随して数多くの武功を立て、いまや武臣の最長老として三公の第三位の司空の地位にある。

この彼が絶大な影響力をもっていることはいうまでもないが、皇后廃立問題をめぐる対立がいよいよ危険水域に達しつつあるのを見て、李勣は重い腰を上げた。いままで病気と称して会議への参加を拒んでいた彼は、自ら参内《さんだい》して皇帝に拝謁した。

そして、皇后廃立問題の是非に関する高宗の下問に対して、老将軍は熟慮のうえで意外な一言を発した。

「畏れながら、それは陛下の家庭内のことであり、何も外部の人間に問う必要はありますまい」と。

本来、皇后の廃立は皇帝一家の私事ではなく、むしろ政治的秩序の維持に関わる国家の大事であるからこそ、重臣たちがあれほどの必死の決意で反対運動を展開していたのだが、李勣の発したこの一言は、問題の性格を再定義することによって重臣たちの反対論を根底からひっくり返してしまい、彼らの梯子《はしご》を外した格好である。

しかもそれは、「武昭儀を皇后にすべきではない」という重臣たちの「正論」に正面から反論するのでもなく、むしろ「皇帝一家の私事」というもっともらしい論理をもって問題の争点をごまかし、玉虫色の事態収拾を計ろうとしたのである。

「儒教頭」の文臣たちと違って、軍人出身の李勣はおそらく儒教的理念や秩序観念にそれほどの興味もないから、武昭儀の「汚点」を何とも思わなかったのであろうが、とにかく、修羅場をいくたびもくぐった老将軍が熟慮のうえで吐いたこの老獪《ろうかい》な一言は、流れを完全に変えた。武臣の重鎮でもある李勣からこの発言が出ると、反対派の文臣たちはいっせいに黙ってしまい、王皇后の廃位と武昭儀の皇后冊立は、皇帝の主導下であっという間に実現されてしまったのである。

尼寺からの奇跡的な再入宮を果たしてからわずか三年目にして、武照はあらゆる障害を排して皇后冊立の目標を達成して後宮の頂点に立った。武照はそれで、天下の武后となったのである。

抵抗勢力だった重臣たちへの粛清

この時代、皇后となって後宮の主となったことは、あらゆる意味において女性の到達できる社会的地位の頂点であった。もし一人の女性がそれ以上のことを望むのであれば、それこそ男たちのつくりだした権力の秩序に対するあからさまな挑戦であり、権力構造の許す範囲をはるかに超えた法外な野望となるのである。

中国の歴史上、この限界を超えて男たちの権力秩序に対する挑戦を試みた女性は数名しかいないが、則天武后はまさにその筆頭なのである。

皇后に納まったことで、彼女はけっして満足できなかった。男たちによって定められた「皇后の本分」はせいぜい後宮をきちんと束ねて皇帝に奉仕することであるが、武照はこのような皇后の立場に甘んじるような女性ではなかったのである。

その理由も簡単である。かつての王皇后を皇后の座から引きずり下ろした張本人の武照は、皇后になったとしてもその地位はけっして安泰ではないことを誰よりもよく知っているからだ。王皇后も結局、武照自身の野心と権力闘争の犠牲となってその地位を一瞬にして失ったではないか。しかも、廃位して庶民の身分に貶《おとし》められた王皇后は、しばらくして他ならぬ武后の手によって惨殺された。権力そのものを手に入れないかぎり、皇后の座に座っていてもその地位が保証されるとはかぎらないし、いったんその地位を失うと命さえ危ない。みずからこのような冷酷な現実をつくりだした武后は当然、王皇后の二の舞には絶対なりたくはない。そのために、彼女のやるべきことはまだまだあるのである。

皇后になったその日から、武后の第二ラウンドの戦いはすでに始まった。彼女は今度は、後宮から手を伸ばして、朝廷の政治権力そのものを奪取しようとしたのである。

武后はまず、高宗の権力をバックにしながら、李義府や許敬宗などの「武后派」官僚を使って、自らの皇后冊立に反対した重臣たちに対する徹底的排除と粛清を行なった。そのやり方はたいてい、下の者を使ってそれらの重臣たちに謀反の企てがありと誣告《ぶこく》させ、冤《えん》罪《ざい》を被らせて失脚させることである。

最初の犠牲者は褚遂良であった。彼はまず、無実の罪名で総理大臣の座から引きずり下ろされ、都から遠い潭州《たんしゅう》（湖南省長沙《ちょうさ》）に左遷された。その後はさらに唐帝国の南の果ての地である愛州《あいしゅう》（いまのベトナム領内）に移された。六五八年、例の御前会議から三年後、褚遂良はこの暑熱の地で死んだ。

もう一人の反対派である太子太師の于志寧も、当然免官されて地方へと追い出された。

後は反対派の本丸である長孫無忌の番であったが、彼もまた謀反を企てたという無実の罪で大尉の官位を剝奪され、いまの四川《しせん》省南部にある黔州《けんしゅう》に貶《おと》された。そして、武后から派遣された者の手によって自殺させられた。その全家産は没収され、近親の全員も嶺南《れいなん》（いまの広東《かんとん》省）に流された。

また、長孫無忌の冤罪に連座して貶された高官は十三人にも上り、かつて武昭儀の皇后冊立に反対した重臣たちおよびその一門は一掃され、邪魔者は全部消えたのである。

そして皇后となった翌年の十月、武后は高宗の長男で皇太子の座にある李忠《りちゅう》を廃して、自分の生んだ李弘を皇太子に立てることにも成功した。

このように、反対派が排除され、自分の息子が皇太子に立てられたことで、朝廷と後宮における武后の立場は盤石《ばんじゃく》のごとくとなったが、武后がそのときから取り組んだ最大の仕事とはすなわち、高宗の手から皇帝の権力を少しずつ取り上げていって、自分が中心となる権力体制をつくっていくことである。

「上官儀事件」で樹立された武后の絶対権威

じつは高宗は従来より体が弱く、頭痛などの持病をいくつかもっていた。しかも優柔不断で気が弱く、いわば権力者に最も向いていないタイプだったのである。

高宗のこのような状況は、武后にとってむしろ好都合である。皇后になってから、元気溌剌《はつらつ》で判断力の優れた彼女は、徐々に高宗にとってかわって朝廷の政治をみることになった。人事権を握って大臣たちを使いこなし、政務を仕切った。気がついたら、彼女はいつの間にか唐帝国の政治の中軸となってしまい、自分の子飼いの官僚たちを使って朝廷を固めていた。多病な高宗はたんなる傀儡《かいらい》皇帝となりつつあったのである。

その一方、武后は宮廷のなかに自分の耳目網を張り巡らせて、皇帝の高宗を監視下においた。政治的実権を失ったとはいえ、皇帝の権威は依然として絶対であったから、彼女は皇帝が自分に何らかの不利益をもたらさないよう、夫である高宗を徹底的に監視していたのである。

この耳目網が絶大な威力を発揮したのが、六六四年の「上官儀《じょうかんぎ》事件」である。武后が皇后となって九年目の出来事だった。そのとき傀儡皇帝に甘んじてきたはずの高宗は、どういうわけか武后の権力独占と横暴に嫌気がさし、「この女の暴走を何とか止められないか」と思った。そして高宗は、大臣クラスの高官であり、優れた詩人でもある上官儀をひそかに宮中に召見して「武后対策」を相談した。

そうすると上官儀は「皇后が専横ですから人心が落ち着かないのです。皇后を廃せられてはいかがですか」と応対した。

高宗はなるほどと同意して、上官儀に命じてその場で皇后廃位の詔書を起草させた。

しかし、武后の耳目網はすぐに作動した。皇帝のそばに侍したスパイが武后のところへ飛んでいってその一部終始を報告すると、武后は一瞬の躊躇いもなく高宗の執務室に怒鳴り込んできた。上官儀はすでに消えたが、皇后廃位の詔書はまた高宗の机の上に置かれていた。

武后が血相を変えて問い詰めると、腰が砕けた高宗はなんと、「それは全部、上官儀のやつがやったことじゃ、朕は知らんぞ」と答えて、子供の言い逃れのような「弁明」をして逃げ出した。

上官儀の運命はそれで決まった。しばらくして、彼は謀反の冤罪を被らせられて息子の上官庭芝《ていし》とともに処刑され、一族は奴婢に貶された。皇帝に裏切られた一臣下の哀れな結末であった。

その一件以来、朝廷における皇帝の権威は完全に地に落ちた。気の弱い高宗のとった卑怯な言動は、彼がただの傀儡皇帝であることを内外に示しただけでなく、臣下たちの皇帝に対する最低限の信用をも失わせた。上官儀の結末を見て、皇帝の手足となって働こうとする臣下は一人もいなくなったのである。

その代わりに、武后の政治権力に反抗しようとする臣下もいなくなった。上官儀の一件で、唐帝国のほんとうの主は誰であるかが臣民の目にはもはや明々白々であり、武后に反抗すればどのような結末が待っているかも明らかだ。それ以来、皇帝にとってかわって武后の絶対権威が樹立され、武后の時代が本格的に始まった。

おそらく武后自身から見ても、この事件は自分の人生の一里塚となったのであろう。そのときからわずか十五年前、先帝の太宗の死後に尼寺に入れられて青春と人生を葬られる運命だった自分は、いまや太宗の子である高宗という皇帝を傀儡のように操って唐帝国の最高権力を手に入れた。かつては権力者に仕えて権力によって人生を翻弄された自分は、いまや権力者そのものとなって自分自身の運命と帝国全体の運命を支配する真の主となったのである。

そして「上官儀事件」が発生してから二十六年目の紀元六九〇年、武后はやがて皇帝の座に昇り、唐王朝を転覆して自前の王朝をつくった。その地ならしのために、武后が密告を使って官僚集団に対する前代未聞の大粛清を行なったことは本章の冒頭に記述したとおりである。

則天武后はこれで、その時代を支配していた儒教的思想と男たちの権力の論理からのいっさいのタブーやルールを完全に打ち破って、彼女の権力奪取の邪魔となっていた儒教的秩序と官僚集団に対する全面的勝利を収めた。

権力に翻弄されて尼になるのを強制された一人の哀れな女性は、現存の秩序と権力構造の厚い壁をぶち破って中華帝国の真の支配者となった。それはすなわち、半世紀にわたって唐帝国を震撼《しんかん》させ、そして千数百年以上にわたって中国史の一ページを輝かせた「稀代の悪女」則天武后の奮闘物語だった。

第七章

袁《えん》世《せい》凱《がい》

私利私欲のみに動く「裏切り専門男」

少壮軍人として身を立てた袁世凱

中国の近代革命のリーダーといえば、日本でよく知られるのは孫文《そんぶん》の名だが、じつは清《しん》王朝を倒すにあたって最大のキーマンとして活躍したのは、むしろ本章の主人公、袁世凱《えんせいがい》である。一九一二年に中華民国の樹立が宣言された最初の二カ月間、孫文が一応臨時大統領に就任したものの、清王朝皇帝の退位が決まると、新しい共和国の初代大統領に公式に推挙されたのは袁世凱だった。中国史上最初の共和国は、紛れもなく袁世凱を中心にしてつくりあげられたものである。

袁世凱（一八五九年－一九一六年）とはいったい、どのような人物だったのか。初代大統領となるまでの彼の略歴を一度見てみよう。

袁世凱は中国河南省項城《こうじょう》県の出身で、生まれたのは清王朝崩壊の五十二年前の一八五九年である。その生家は、官僚や軍人を輩出した地元の名族であった。

このような家に生まれた袁世凱は当然、若いころから官僚としての立身出世を志したが、そのために科挙試験に二度挑戦して二度とも失敗した。一八八〇年の二十一歳のとき、彼は科挙試験のために熟読してきた儒教経典などの書籍を全部焼き捨て、軍人となる道を目指した。

親戚のコネで、彼は山東省の海防を任された慶軍統領呉長慶《ごちょうけい》の部隊に、下級士官として入った。頭脳の明晰さと機敏さが認められて、まもなくして呉長慶の幕僚に抜擢される。

一八八二年、呉長慶の慶軍は朝鮮に派遣された。当時、朝鮮に浸透している日本勢との対抗のための派兵であった。袁世凱も当然、幕僚として従軍し、朝鮮に入った。それ以来十数年間、袁世凱は清帝国駐留軍の一員として朝鮮で活躍して頭角を現わし、最後には駐朝鮮清軍の最高指揮官の地位に昇り詰めた。とくに日本勢と全面対決した「甲申《こうしん》の変」のときは、彼は持ち前の果敢さと機敏さで危機を乗り越え、清帝国の朝鮮における優位を保った。

それで彼は一躍、清帝国軍における少壮軍人のホープとなったが、日清戦争で清軍が大敗して朝鮮から完全に追い出されると、袁世凱は辛うじて海路から逃げて帰国できた。

その後、袁世凱は人生最大の出世のチャンスに恵まれた。新興国日本との戦争で大敗を喫した清帝国は一大決心して、西洋式の軍制による「新式陸軍」を創設することにした。そして、「練兵大臣」として「新式軍」を訓練し統率する任務が、軍内若手ホープの袁世凱に与えられたのである。

それ以来の四、五年、袁世凱は「新式軍」の軍づくりに全力を尽くした。近代兵器と戦術を伴った兵の訓練や厳しい規律の実施などに力を入れて、それまでの中国にはない斬新な近代軍隊を一からつくりあげた。そういう意味では、袁世凱こそが中国の近代陸軍の父であるともいえる。

それと同時に、袁世凱は新式陸軍における自分自身の権力基盤づくりにも余念がなかった。彼は士官クラスを全部自分の子飼いで固めて、自分に対する絶対服従と崇拝の習慣を士官や兵士たちに徹底的に植え付けた。結果的には、清帝国の新式陸軍は朝廷の軍隊というよりも、実質上袁世凱の「私兵部隊」となった観である。

この「私兵部隊」としての新式陸軍こそ、袁世凱が自分のためにつくりあげた人生の最大の財産であり、その後の歴史における彼の活躍を支える最大の基盤となった。袁世凱の死後も、彼の子飼いの軍幹部たちはことごとく独立して新軍閥となり、中国近代史における軍閥割拠の時代を開いた。

裏切りによって掴んだ大出世のチャンス

話は袁世凱の新式軍訓練の時代に戻るが、「練兵大臣」として新式軍の訓練にあたった期間中の一八九八年、中央政界の政変に深く関わったことで、袁世凱は一軍人の枠を超えた大出世のチャンスを手に入れた。

政変が発生する前の清の朝廷の権力構図はこうであった。日本でも有名な西太后《せいたいごう》はすでに三十年近くにわたって政治の実権を握っているが、その甥であり、清王朝第十一代皇帝の光緒帝《こうしょてい》が親政して政治の第一線に立った。いわば西太后と皇帝との二頭体制の出現である。

そのとき、清帝国は西欧列強だけでなく新興国の日本にも敗戦し、国運は大きく傾いた。弱冠二十七歳の若き皇帝は、康有為《こうゆうい》や梁啓超《りょうけいちょう》などの改革派知識人からの影響を受け、日本の明治維新に倣《なら》って救国のための「変法」を断行することを決心した。

おそらく西太后から政治的実権を奪おうとする思惑もあっただろうが、光緒帝はこの年の六月から、譚嗣同《たんしどう》や林旭《りんきょく》などの若手官僚を起用し、西太后の意向も存在も無視して、皇帝の詔書のかたちで一連の改革策を打ち出した。「変法」という名の政治体制改革を急速に進めようとしたのである。一八九八年は中国暦では「戊戌《ぼじゅつ》の年」であるから、この「変法」は歴史上「戊戌変法」と呼ばれる。

改革策のなかに、科挙制度の廃止やそれに伴う旧士大夫層の特権の廃止なども含まれていたので、変法は当然、いわば保守勢力からの激しい抵抗にあった。

光緒帝を中心とする新政の実施はまた、権力が西太后の手から離れて皇帝に移っていくことを意味しているから、西太后は当然、若き皇帝の変法を快く思わない。それを知った朝廷内の守旧派たちは、西太后のもとに結集して変法を潰そうとしたのである。

若き皇帝が、貴族や官僚たちの地位と権益を根本からひっくり返そうとする改革策を次から次へと打ち出したことを見て、西太后を中心とする反変法勢力はますます危機感を募らせ、もはや黙っていられなかった。

西太后が動いたのは、そのときであった。彼女は自分の腹心であり、「大学士・直隷総督」として軍権を握っている満州人貴族の栄禄《えいろく》をひそかに呼んで密談した。その結果、この年の十月に光緒帝の行幸を願ったうえで、北京から離れた天津で閲兵式典を行なうことを決めた。天津は直隷総督である栄禄の本拠地であるから、西太后たちはこの閲兵式の席上で、軍の力をバックにして光緒帝に退位を迫る魂胆だった。

この陰謀を察知した光緒帝は、康有為たちと対抗策を練った。そこで康有為は光緒帝に一つの大胆な策を献言した。天津の近くで七千人の新式陸軍を率いて訓練を実施中の袁世凱を仲間に取り込んで、西太后・栄禄と対抗する策だった。じつは袁世凱は新式軍の責任者である立場上、平素より西洋の技術や新制度の導入に積極的な姿勢をとっているから、世間からは「改革派」だと見なされ、康有為とは個人的交遊もあった。

このような経緯もあって、軍権のない「改革グループ」は袁世凱に目をつけ、彼の率いる「新式陸軍」を利用しようと考えたのである。

光緒帝はさっそく袁世凱を北京の紫禁城《しきんじょう》に召見した。袁世凱の顔を見るや否や、光緒帝はまず、自分の進める「新政」に対する袁世凱の考えを質《ただ》した。袁世凱は当然、あらゆる賛辞を並べて「新政」の素晴らしさを讃え、光緒帝への忠誠を誓った。

光緒帝は大いに喜んで、その場で袁世凱に兵部侍郎（国防省副大臣）の官職を与え、今後は皇帝である自分の命令に従えと命じた。

感激極まりない表情で叩首《こうしゅ》して退出した袁世凱の姿を見て、光緒帝は胸を撫《な》で下《お》ろして安心したが、もちろんそれは、若き皇帝のたんなる「片思い」だった。

じつは袁世凱は、栄禄などの守旧派とも緊密につながっていた。光緒帝に拝謁したのと同じとき、彼は自分の軍師である徐世昌《じょせいしょう》を栄禄などの守旧派のところに送って、朝廷の内情を探らせた。そして徐世昌が持ち帰った情報に基づいて二人で情勢分析を行なった結果、軍権などの実権をもっている西太后ら守旧派の優位は揺るぎないものであり、孤立化しつつある光緒帝の変法は失敗に終わる可能性が大であるとの判断に達した。

このような判断を出した以上、袁世凱には躊躇うことはもはや何もない。彼は西太后を中心とする守旧派陣営に立とうと決心した。そのようなとき、天下国家にとって「変法」

のほうがよいのか「守旧」のほうがよいのかという理念上の問題は、袁世凱にとって何の意味もない。彼の考えることはただ一つ、どちらに付けば自分の立身出世にとって有利なのかであった。

腹を決めた後、袁世凱はしばらく動かないことにした。西太后の陣営へ行くにしても、やはりタイミングが大事だ。彼は事態の推移を静観しながら、その時機をうかがっていた。

そして、袁世凱にとって最もよい時機がやってきた。

この年の九月中旬から、光緒帝は自分の身辺に西太后の監視の目が光っていることに気がつき、危険がすでに迫ってきたことを知った。もはや一刻の猶予もない。光緒帝はさっそく康有為たちに密詔を送り、ＳＯＳの信号を発した。九月十八日の晩、康有為、譚嗣同などの改革派リーダーたちが集まって密議した結果、やはり袁世凱の新式陸軍の力を借りて兵変を起こす以外に危局打開の道はない、との結論になった。彼らは本心から袁世凱を信用していたわけでもないが、守旧派に追い詰められたなかでは、そうする以外はなかった。

結局、袁世凱の腹のなかを何一つ知らずして、改革派たちは天真にも、「変法」の運命と自分たちの運命を全部、この腹の黒い軍人に託そうとしたのである。

そのとき、ちょうど袁世凱が天津から上京していたので、当日の晩、譚嗣同は密かに袁世凱の泊まった宿を訪れた。自分たちが光緒帝と変法を守るために決起する旨を告げたうえで、袁世凱に天津に戻って兵を率いて北京へ上り、栄禄などの守旧派重臣を殺して西太后を軟禁するようにと頼んだ。

そのとき袁世凱は、すでに守旧派陣営に付くことを決めていたから、譚嗣同の要請に応じるつもりはさらさらない。しかし彼は、涙を流して光緒帝への忠誠心の不変を誓いながら、改革派たちの画策したとおりに行動を起こすことを堅く約束した。それは当然、改革派たちを油断させておくための嘘であったが、彼に命までを預けてきた改革派たちを、袁世凱は最後まで騙し通した。

そして、譚嗣同が打ち明けてくれた改革派たちの「兵変計画」は、袁世凱にとってこの上なく嬉しい「手みやげ」となった。彼はそれで、西太后の陣営へ行って自分を高く売るための「原資」を手に入れたのである。

その翌日、彼はさっそく北京から天津への帰途についた。天津に到着した九月二十日、袁世凱は直隷総督として天津に駐在していた栄禄に会い、改革派が企んでいる兵変計画を密告した。

驚いた栄禄は、ただちに変装して北京に向かい、北京にいる西太后にこの一件を報告した。その後、西太后の取った措置はまさに電光石火のごとくだった。翌日の朝、光緒帝は西太后の兵によって拘束・軟禁された。康有為と梁啓超は、異変を察して北京から抜け出したり日本大使館へ逃げ込んだりして逮捕を逃れたが、譚嗣同以下、光緒帝の「改革内閣」の中心メンバー六人が一網打尽《いちもうだじん》にされて、刑場の露と化した。

これがすなわち、中国史上でいう「戊戌政変」の一部始終である。光緒帝一派の完敗で、鳴り物入りの「戊戌変法」が葬られたのだが、この政変劇のなかで一番の得をしたのはいうまでもなく、裏切り者の袁世凱だった。彼は自分が忠誠を誓ったはずの光緒帝を裏切り、自分にすべてを託した改革派知識人たちを裏切り、そして「変法」そのものを裏切った。

その結果、改革派の中心メンバー六人はその若き命を失い、光緒帝は死ぬまで監禁される身となり、中国の近代化はさらに十数年の後《おく》れをとった。すべては、袁世凱という人間が自らの出世欲を満たすためであった。天下国家が権力者たちの私利私欲のために翻弄されるという中国史の悲劇は、またもや繰り返されたのである。

一世一代の博打で革命の成果を盗み取る

上述の密告の功労により、袁世凱は実質上の最高権力者である西太后に認められて、その子分の一人となった。それ以来、軍と政界における袁世凱の地位上昇は止まることがない。政変の翌年の一八九九年、彼は山東巡撫署理に任命され、山東省の軍・政のトップとなった。その二年後の一九〇一年、袁世凱はかつて栄禄が務めた直隷総督の地位につき、清王朝の重臣のなかの重臣として、首都地域の防衛と行政を任された。それと同時に、彼は北洋大臣（外務大臣）の官職をも兼務し、亡き李鴻章《りこうしょう》の後を継いで清帝国の外交を一手に担当することになった。

それから約七年間、袁世凱はまさに清帝国の要として活躍していたが、転機が訪れたのは一九〇八年の西太后の死後である。じつは西太后が死ぬ直前に、監禁されていた光緒帝が突如の死を遂げた。その理由は不明であるが、亡き皇帝の跡継ぎには、西太后の選定により、光緒帝の弟である醇親王《じゅんしんしん》載灃《さいほう》の子の溥儀《ふぎ》が選ばれた。清王朝第十二代皇帝の宣統帝《せんとうてい》である。宣統帝はそのとき二歳の幼児であったため、父の醇親王載灃が摂政王となって政権を任された。

こうして西太后の死後、醇親王載灃が権力の中心となったが、それは袁世凱にとって危機的な状況だった。というのも、摂政王載灃はいまから十年前に、袁世凱の密告によって自分の兄の光緒帝が監禁される身となった経緯をよく知っているから、袁世凱にはまさに恨み骨髄だったのである。

載灃は政権を握ってすぐ、袁世凱の失脚に動いた。彼は感情的恨みから袁世凱の処刑までを考えていたが、袁世凱の賄賂によって買収されていた他の重臣たちはいっせいに反対した。

「袁世凱を殺すと、新式軍が造反するかもしれないぞ」という重臣たちの脅しに、権力基盤のまだ弱い載灃は折れて、袁世凱を政界から追放して「早期定年退職」に追い込む案で双方が妥協した。

こうして一九〇九年一月、袁世凱は失意のうちに北京を後にして故郷の河南省に戻り、しばらくの「隠居生活」に入った。

それから二年後、袁世凱を不本意な「隠居生活」から救い出したのは、孫文をリーダーとする革命の勃発《ぼつぱつ》である。

一九一一年十月十日、湖北省の武昌《ぶしよう》（現在の武漢《ぶかん》市の一部）という町で、孫文の革命思想から影響を受けた清王朝の駐在軍の若い士官たちが反乱を起こした。彼らは武昌と隣町の漢陽《かんよう》を占領したのち、清王朝の統治下からの独立と、中華民国湖北軍政府の樹立を宣した。文字どおりの革命の発生であった。

慌てた清王朝は、陸軍大臣の蔭昌《いんしよう》に、新式陸軍を率いて鎮圧へ向かうことを命じた。しかし満州人貴族の蔭昌はドイツ留学帰りのたんなるぼんぼんで、部隊を率いて戦ったことは一度もない。そして、いざとなったときに、袁世凱の子飼い幹部で固められた新式軍の将校たちは、蔭昌の命令に従う気がまったくないことが分かった。その代わりに、彼らはいっせいに袁世凱の指揮官復帰を願い立てた。朝廷内の多くの重臣たちからも、「袁世凱でなければ危局の打開は難しい」との声が上がってきた。

このような局面となると、摂政王の載灃はやむを得ず、袁世凱の起用に同意した。十月十四日、載灃は袁世凱に湖広《ここう》総督の官職を与えて、急遽帰京して鎮圧軍の指揮官に就任せよとの命令を出した。

しかしそのときの袁世凱は、もはや摂政王の命令一つで動くような人間ではなかった。いまやこの自分こそが清王朝の救世主となっていることを彼はよく知っていた。「湖広総督」すなわち「湖北・湖南・広東諸省を管轄する総督」という地方長官レベルの官職授与は、彼にとってたんなる子供騙しにすぎない。自分の「時価」をよく分かっている袁世凱は、それを引き受けるつもりはまったくない。

載灃からの出頭命令に対して、袁世凱は「病気」と称して拒否しながら、朝廷内部の知人を通じて自分の現役復帰の条件を載灃に出した。そのとき清王朝は、日本に倣って官制改革を行ない、皇帝のもとでの「内閣制」を導入していたが、袁世凱が出した条件とはまさに、自分を内閣総理大臣に任命すること、内閣の組閣を自分に任せることだった。

一時は袁世凱を殺してやりたかった載灃にとって、それはいくら何でも呑みたくない条件だったが、情勢はもはや彼に猶予を許さない。武昌での蜂起に刺激されたかたちで、全国のあちこちで革命の不穏な動きがすでに見られた。悩みに悩んだ末、この年の十一月一日、前内閣の総辞職を受け、摂政王載灃は袁世凱を内閣総理大臣に任命したうえ、至急上京して組閣するように求めた。

欲しいものをすべて手に入れた袁世凱は、ようやく重い腰を上げた。十一月十三日、彼は北京に戻って総理大臣と反乱軍鎮圧の総司令官に就任し、清政府の全権を握った。

それから彼は、自らの創建した新式陸軍の精鋭部隊を率いて南下し、革命軍の本拠地である武昌へ向かって進軍した。

そのとき、誰が予想できたか。政府軍を率いて革命を鎮圧しにきたこの袁世凱が、それからわずか三カ月後の一九一二年二月十五日、革命によって樹立された中華民国の正式の大統領に収まる身となったのである。

それはいったい、どういうことだったのか。じつはこの三カ月間における前代未聞の大変身こそは、中国近代史上最大の謀略家・詐欺師として知られる袁世凱が、権謀術数の限りを尽くして打った一大博打《ばくち》の結果である。

簡潔に記述すると、この大博打の粗筋はこうであった。

新式軍を率いて武昌に攻めてきた袁世凱は、まず革命軍と一戦を交えて大きな打撃を与えた。軍事的には袁世凱の討伐軍はまったくの優勢に立ち、革命政府は窮地に追い込まれた。

しかしそのとき袁世凱は、革命軍に対する仕上げの総攻撃をいっさい掛けなかった。彼はむしろ、壊滅寸前の革命政府に和議を申し込んだ。その和議の内容はすなわち、革命政府と共謀して清王朝を潰そうとするものだった。つまり袁世凱は主筋《しゆすじ》の清の朝廷を裏切って、それを革命政府に売りつけようとしているのだ。

もちろんそれは、袁世凱が革命の理念に共鳴したからではけっしてない。清王朝潰しとの引き換えに、袁世凱が革命政府に提示した唯一の条件はすなわち、彼自身を新しい共和国の大統領に据えることである。

革命政府は結局、敵軍の大将から出されたこの厚顔無恥《こうがんむち》の要求を呑むしかなかった。孫文などの革命領袖は、袁世凱が清王朝に叛旗を翻してくれればただちに彼を大統領に推挙すると約束した。

袁世凱は今度は、「私兵部隊」を率いて首都の北京に戻り、清王朝に対して「退位して天下を手放せ」と迫った。そのときの朝廷には、即位したばかりの子供皇帝と優柔不断の摂政王載灃しかいなかったから、実力をバックにした袁世凱の恐喝に対抗できるはずもない。この年の二月十二日、清の皇帝が退位して清王朝が潰れた。

そして三日後の二月十五日、袁世凱は中華民国の大統領にめでたく就任し、天下が彼の手に転がり込んできた。

いってみれば、孫文以下の数多くの革命家たちが十数年にわたって多大な犠牲を払って戦ってきた革命の成果は、まんまとこの稀代の詐欺師によって盗み取られたのである。

私利私欲で動く中国政治の悪しき伝統

清王朝と革命軍の両方を利用して天下を取った袁世凱はその後、その攻撃の矛先を孫文たちの革命勢力に向けた。彼は次から次へと革命勢力の領袖たちを暗殺しまくりながら、軍事力を背景とした自らの独裁体制を固めていった。

彼は徐々に中華民国大統領の地位にも満足できなくなり、自らを皇帝とする「袁家王朝」の創建を企んだ。その理由も簡単だ。たとえ大統領の椅子を手に入れたとしても、彼自身が死ねば天下は依然として共和国の天下であるが、世襲制の皇帝になることによって初めて、天下は袁氏一族のものとなるのである。

大統領に就任してから四年後の一九一六年の一月、彼はとうとう「洪憲《こうけん》皇帝」として「即位」し、袁家王朝の樹立を宣した。

しかし、このときばかりは、生き残りの革命勢力はもとより、袁世凱の部下として各地方で勢力を伸ばした軍閥たちも黙ってはいなかった。軍閥たちから見れば、袁世凱がたんなる大統領であるなら、いずれ自分たちもこの椅子を手に入れて天下を取る可能性があるが、袁世凱が皇帝にでもなってしまうと、他の人間は皆、袁氏一族の臣下に成り下がっていくしかない。だから、実力者の誰もがそれを許せなかった。

袁世凱が「皇帝」となったとたん、革命党だけでなく、彼の子飼いの部下であったはずの軍閥たちもいっせいに反乱を起こした。その結果、四面楚歌となった「洪憲皇帝」は、「即位」の八十三日目で「帝政復辟《ふくへき》」の撤回を余儀なくされ、本人もその直後に病気のなかで憤死した。

光緒帝の臣下でありながら光緒帝を裏切り、清王朝の重臣でありながら清王朝を裏切り、革命軍と手を組みながら革命を裏切り、共和国の大統領でありながら共和国を裏切ったというこの「裏切り専門」の男は、結局自らの部下たちに裏切られて惨めな最期を迎えたのである。

そして、「戊戌政変」から帝政復辟に至るまで、袁世凱の行なった陰謀と裏切りの数々を一度に見てみると、それらはすべて、彼自分の野心と私利私欲を満たすためのものであることがよく分かる。自分と自分の一族の私利私欲のためには手段を選ばないというのが、彼の一貫した行動原理であった。

日本の大正時代に、佐久間東山《とうざん》という人物が『福岡日日新聞』に連載として「袁世凱伝」を書いたが、袁世凱の人となりについて、たとえば次のように記した。

「蓋《けだ》し袁世凱の為す所を見るに、かの権道家一流を発揮し、徒《いたず》らに欺詐権謀を事とし、唯《ただ》自己の打算にのみ腐心し、一人一家の沽券《こけん》の私計を謀《はか》るに汲々とする所、亦《また》実に這個《しゃこ》の代表的支那流為政者の権化のみ」

中国の政治を外から眺めた一日本人著者の記述ながら、上述の描写は袁世凱という人物の本質をよく抉り出したと思うが、考えてみれば、この詐欺師同然の「支那流為政者」を、中華民国の初代大統領として戴いたことこそ、中国近代史の不幸の始まりである。

袁世凱が死去した後も、彼によって先鞭を付けられた軍閥政治は生き残った。それからの数十年間の長きにわたって、軍閥たちはまさに「一人一家の私計を謀る」ために「私兵部隊」を擁して争い、国の崩壊と人民の塗炭《とたん》を横目にして内戦を繰り広げた。

そのなかで勢力を伸ばしてきたのが、かの毛沢東の率いる共産党勢力であるが、「政権は銃口から生まれる」というみずから吐いた名言からも分かるように、毛沢東もまた、軍事力だけを信じて頼りにするという軍閥的発想の持ち主である。

彼の率いる共産党は、やがて武力をもって中華民国を転覆し、現在の中華人民共和国を樹立した。そして毛沢東政権時代の二十七年間、数千万人の中国国民が、彼という大軍閥の独裁的支配下で命を落としたことは周知の歴史的事実である。彼の政治的継承者となった鄧小平《とうしょうへい》も、共産党の独裁政権を守るためには、戦車と部隊を派遣して自国の首都・北京を占領し、丸腰の学生たちを機関銃で倒していくことを辞さなかった。共産党政権もしょせん、軍閥政治の流れを受け継いだ軍事的独裁政権にすぎないのである。

じつはいまでも、中国の人民解放軍という軍隊は、けっして国家の軍隊とはなっていない。共産党も解放軍も口を揃えて、「解放軍は党の絶対命令にのみ服従する」と宣言しているから、解放軍は依然として、共産党の党利党欲のために存在する「私兵部隊」なのである。袁世凱以来の軍閥政治は、いまでも生きているのだ。

このように、一部の為政者たちの私利私欲のために、あるいはその一族・一党の私利私欲のために翻弄されつづけてきたのは、まさに中国の民たちがたどってきた悲運の歴史であるが、近代史の起点に立つ袁世凱によって具現化されたような「一人一家の沽券の私計を謀るに汲々とする」という悪しき政治原理がまかり通ったところにこそ、中国近現代史の不幸の根源がある。

袁世凱の場合、「一人一家の私計を謀る」ために謀略の限りを尽くして中華民国初代大統領の椅子を手に入れると、彼のやることはすべて、この「一人一家」の利権をいかに守っていくかの一点に集中された。まさにそれがために、袁世凱は革命と中華民国を抛《ほう》り捨てて「袁家王朝」の創建に猪突猛進したのは前述のとおりである。

それと同時に、私生活の面においても、彼は権力を思う存分濫用して富貴栄華を貪《むさぼ》った。中南海《ちゅうなんかい》という清王朝皇帝御用の広大な庭園に豪邸を構え、九名の妾《めかけ》を抱えて贅沢三昧を楽しんだというのは袁大統領の日常であるが、妾の一人ずつに専用のコックさんと三名の使用人が配属されたほどの「超セレブ」ぶりであった。

いってみればこの袁世凱こそは、手段を選ばずに権力を手に入れ、そして権力を私物化してわが身の富貴と快楽を最大限に享受するという、中国古来の悪しき為政者の典型である。

そして、袁世凱だけでなく、袁の後を継いだ軍閥たちの行跡からも分かるように、歴史の大舞台に登場してくる英雄豪傑であるほど、個人的な権勢や一族の栄達を求めて野心家・独裁者への道を歩んでいくのが中国史の常である。権力というものが、なかなか私利私欲の限界を超越することができないのは、まさに中国の四千年の悲劇なのである。

第八章

毛《もう》沢《たく》東《とう》と周《しゅう》恩《おん》来《らい》

中国史上最大の暴君とその忠実な僕《しもべ》

毛沢東の野望が引き起こした大飢饉の惨禍

本書はいよいよ、最終章のテーマとして、中国史上最大級の謀略家である毛沢東（一八九三年－一九七六年）にたどり着く。

彼は一九四九年に共産党軍を率いて政権を奪取し、現在の中華人民共和国を建国した。その年から一九七六年の死去まで、名実ともに絶対的な独裁者として中国に君臨した人物である。

古代の蘇秦から近代の袁世凱まで、中国の為政者や謀略家たちは、自らの立身出世や権力欲のために天下国家と万民を道具として利用してきたことは、いままでの記述のとおりであるが、じつは毛沢東もご多分に漏れず、まさにこのような中国流為政者の典型例の一人である。

いや、というよりもむしろ、本書に登場したどの人物よりも毛沢東のほうがはるかに酷かったといってよい。彼はたんに天下国家と万民を道具として利用しただけではない。自らの権力を守るために、数千万人の人々を餓死や自殺に追い込んだり、天下国家を阿鼻《あび》叫喚《きょうかん》の地獄へと陥れたりするようなことを平気でやるのが、まさに毛沢東政治の流儀だったのである。

毛沢東の一生に貫かれたこの「巨悪の行動原理」が最も明確なかたちで現れたのは、一九五九年の大飢饉の発生から一九六六年に「文化大革命」が発動されるまでの中国政治のプロセスにおいてである。

一九五九年から六一年までの三年間、中国で数千万人が餓死する大飢饉が起きたことは歴史的事実である。中国共産党政権は長いあいだ、この三年間の出来事を「三年自然災害」だと表現して、飢饉の原因を「自然災害」だとしてきたが、それはもちろん真っ赤な嘘である。

私の手元には、一九九九年五月に岩波書店から刊行された『現代中国事典』という書物がある。早稲田大学名誉教授の天児《あまこ》慧《さとし》氏や在日中国人学者の朱建栄《しゅけんえい》氏が主な編者として名を連ねている。出版元と編者の顔ぶれをみれば、本書がけっして現代中国への批判を意図した「反中本」でないことが分かる。

そしてこの事典にも、「三年自然災害」という項目がちゃんとある。冒頭からこう記述しているのである。

「一九五八年の大躍進政策の失敗で、五九年から六一年までに二〇〇〇万人から四〇〇〇万人という史上空前の大量の餓死者を出した。中国では〝自然災害〟と呼んでいるが、政治的要因も大きく〝天災〟ではなく〝人災〟だったともいわれている」

項目の執筆者は、さらに次のような分析を行なっている。

「この惨禍について、中国当局は〝経済困難期〟があったことを認めたが、その原因は〝自然災害、ソ連の対中援助の契約破棄〟と主張してきた。しかしその後の研究によれば、この期間に重大な自然災害は発生しておらず、また〝ソ連の対中援助の契約破棄〟は食糧生産にはほとんど関係がなかった。つまりこの大量餓死は人為的な原因による〝人災〟であることが明らかにされた」

では、このような「人災」につながる「人為的原因」とはいったい何だったのか。『現代中国事典』は「三年自然災害」の項目の冒頭から、「一九五八年の大躍進政策の失敗」

を大飢饉の原因として挙げているが、それはいたって正しい。数千万人餓死の大惨禍を引き起こした最大の原因は、まさに毛沢東の主導下で推進された「大躍進政策」にあった。

『現代中国事典』は「大躍進政策」の経緯についてこう述べている。

「大躍進運動は中国が〈鉄鋼などの生産高で英国に追いつき、追い越す〉というスローガンで語られるが、このスローガンは、五七年十一月に毛沢東らがモスクワを訪問した時に行われた両国共産党トップ会談の席上、ソ連共産党のフルシチョフ第一書記の〈ソ連は十五年で米国を追い越す〉というスローガンに対し、毛沢東が〈中国は十五年で鉄鋼などの主要工業生産高で英国を追い越す〉というスローガンを提起したことに由来する。大躍進運動には、国際共産主義運動の主導権をめぐるフルシチョフと毛沢東の鍔《つば》迫《ぜ》り合いという側面が大きな動機となっている」

この記述からも分かるように、毛沢東が「大躍進運動」を発動した大きな動機の一つは、「国際共産主義運動」の主導権争いで、ソ連共産党のフルシチョフ書記に対抗するためである。スターリンの死後、毛沢東はフルシチョフを相手に、「国際共産主義運動」のリーダー格の座を競っている最中だったからである。

競争する相手から「われわれは十五年で米国を追い越す」といわれると、毛沢東はつい「それならわれわれは英国を追い越す」と大言壮語《たいげんそうご》を吐いてしまった。あたかも「お山の大将」の座を争う悪ガキ二人が、力強さのほら吹き比べを繰り広げた図式である。

そして、毛沢東が個人的野心と見栄から発した無責任なほら吹きこそが、数千万人を餓死させる遠因となった。

当時の中国の鉄鋼生産量は年間一千万トン程度であったのに対し、中国共産党政権は毛沢東の意を受け、一九五八年にいきなり、「年間二億七千万トン」という数値目標を打ち出した。一年間で鉄鋼生産量を二十七倍にも増やすという馬鹿げた夢物語だが、毛沢東本人はあくまでも真剣だった。

そのために彼は「全国鉄鋼大生産運動」の展開を考案した。製鉄工場を一からつくるのでは間に合わないなら、全国民に号令をかけて国民全員参加の「生産運動」をやればよいと彼は考えた。

当時の全国民の九割を占める農民たちを、農業から解放して「鉄鋼大生産」に専念させるには、まず食糧生産量の大幅な増加を計らなければならない。農民が一年間穀物をつくらなくても全国民が食うのに困らないだけの食糧をつくっておけば、後は国民全員が鉄鋼生産のために全力を尽くせる、と毛沢東は思った。

こうした荒唐無稽な構想をもった毛沢東の主導下で、共産党政権は食糧生産高の倍増を決めた。通常の二・五億トンの年間生産高を、いっきに五億トンへ引き上げようとしたのである。

「大躍進運動」はこのように、最初から実現不可能な二つの数値目標を掲げ、「大生産運動」に国民全員を駆り立てた。

駆り立てる方法は単純だった。食糧生産の場合、全国の農民は全員「人民公社」という組織に属していたから、毛沢東はすべての人民公社の幹部、地区の共産党幹部たちに檄《げき》を飛ばして、食糧生産の倍増を厳命した。絶大な権力をもつ独裁者の毛沢東は、自分の命令一つでどんな難しいことでも実現できると思い込んでいた。

だが、毛沢東の命令があるからといって、穀物の収穫量がただちに倍増できるわけはない。太陽と大地の恵みを受けて育つ稲や麦は、毛沢東の命令に従って成長するものではないからだ。まずい立場に立たされたのは、人民公社、地方の共産党幹部たちである。数値目標を達成できない場合、どんな処罰が待っているか、彼らはよく知っていた。結局、彼らが一致してとった唯一の保身法はすなわち、自分たちが管轄する人民公社と地区の穀物生産高を水増し報告することであった。

五八年の秋には、どこの人民公社からも、いっせいに「倍増できた」との報告が上がってきた。毛沢東と党中央は大いに喜び、各級の幹部たちも処罰を免れた。しかしそれは、人民公社の農民たちにとって、まさに悲劇の始まりだった。

当時、全国の人民公社は毎年の穀物の生産高に応じて、政府から食糧の無償供出を割り当てられていた。「公糧供出」といわれる。そしてこの年、生産高の「倍増」を実現できたと報告したすべての人民公社に、政府は供出額の倍増を命じた。

水増し報告を行なった各級の幹部たちは当然、これに応じなければならない。しかし実際には、穀物生産高の倍増などできていない。結果、幹部たちは人民公社の農民が自家用の食糧として保留すべき穀物の大半を強制的に収奪して「公糧」にあてた。

そうすると、次の収穫までの一年間、農民たちの食糧が足りなくなるのは必至だった。この危機的な状況下で、毛沢東から次の大号令がかかってきた。

全国各地から「食糧生産高の倍増は実現できた」との報告を受け、意気揚々となった毛沢東は、なんと一九五九年の一年間、全国の農業生産をほどほどにして念願の「鉄鋼増産」に専念すべきとの判断を下した。この年の春から、実際に全国の人民公社に対し、全農民を動員して「鉄鋼大生産運動」に全力を挙げろと命じたのである。

日本でもそうだが、一年のなかで春こそは田植えなどの農作業に最も大事な時期である。この時期に、農民の多くが「鉄鋼大生産」に駆り立てられると、この年の農業生産が大打撃をこうむることは避けられない。これで大飢饉の発生は、決定的な趨勢となった。

飢饉は実際、この年の夏から始まった。前年の厳しい収奪が原因で農民たちの食糧はその時期から底をつきはじめた。そして秋になると、春からの「鉄鋼大生産」に農村の労働力の大半が動員された結果、穀物の収穫はまったくの不作で、例年より大幅に減少した。結果として、大飢饉はいっせいに全国の農村に蔓延《まんえん》したのである。ちなみに、全国の農民を「鉄鋼大生産運動」に動員してつくりだした「鉄鋼」なるもののほとんどが、使い物にならないゴミ同然の廃棄物となった。二つの数値目標を掲げた大躍進運動は完全に失敗した。

稀代の暴君が一貫した政治の行動原理

しかし、大躍進の失敗と大飢饉の発生に対して、問題を引き起こした張本人の毛沢東は、自らの責任を感じて反省するそぶり一つも見せなかった。それどころか、彼はまさにそのときから、謀略を巡らせて一連の政治闘争を展開した。飢饉の大惨禍に対する自らの責任を帳消しにして、大躍進の失敗で揺らいだ自分の権威を守ろうとしたのである。

最初の餌食になったのは、共産党政治局委員で国防相の彭徳懐《ほうとくかい》であった。

五九年夏、大躍進の失敗がいよいよ見えてきたなか、中国共産党は名山の廬山《ろざん》で政治局拡大会議を開き、経済運営などの問題について討議することになった。

会議中、大躍進の失敗と大飢饉発生の実態を知った彭徳懐が、毛沢東に手紙を出した。言葉を選びながら経済政策に対する素朴な疑問を呈し、大躍進への再考を求めた。しかし毛沢東から返ってきたのは、まったく予想外の反応だった。

独裁者の毛沢東にしてみれば、経済政策の是非よりも、部下の政治局委員が自分の政策に疑問を呈したこと自体が許しがたい「反逆行為」だった。しかも、自らの推進した大躍進政策に対する党内の不満が高まっているこのとき、彭徳懐の行為を許してしまえば、収拾がつかなくなる可能性があることを毛沢東は知っていた。そして、彭徳懐が国防大臣であった点も毛沢東の神経を尖《とが》らせた。誰よりも権力闘争に敏感な毛沢東の目には、それが軍部における不穏な動きと映った。

毛沢東は素早く動いた。彭徳懐の呈した疑問も意見もまったく非のない正論であったにもかかわらず、そして過ちを犯したのは他ならぬ毛沢東自身であったにもかかわらず、彼はむしろ、彭徳懐を悪人に仕立てて一挙に打倒しようとした。

毛沢東はまず、子飼い幹部の国家主席の劉少奇《りゅうしょうき》と首相の周恩来《しゅうおんらい》からの支持を取り付け、野心的な大物軍人の林彪《りんぴょう》を会議に呼んできて、彭徳懐に対する攻撃の急先鋒を務めさせた。布陣を整えたのち、毛沢東は彭徳懐に対する集中豪雨式の総攻撃をいっきにしかけて、政治局拡大会議はただちに彭徳懐に対する人民裁判の場と化した。

その結果、彭徳懐と彼に同調する数名の高級幹部が「彭徳懐反党集団」と断罪され、あっという間に失脚させられた。

このようにして、党内の「反乱分子」やライバルに対してつねに無慈悲な闘争手段をもって葬ってきた毛沢東は、もう一度の政治闘争を勝ち抜いた。

しかしこのような政治闘争の結果は、国民にとって災難以外の何ものでもなかった。自分自身の推進してきた「大躍進政策」に疑問を呈した彭徳懐を打倒した以上、毛沢東はもはやこの政策の失敗を認められない。むしろ逆に、彭徳懐の打倒を正当化するために、いっそう力を入れて政策の「正しさ」を主張し、政策の「貫徹」を全国に命じた。もちろんそのとき、毛沢東の暴走を止めようとする党幹部はもういない。誰もが彭徳懐の二の舞になりたくなかったからだ。

こうしたなかで、すでに破綻したはずの大躍進政策がさらに無理に進められ、飢餓中の人々に救いの手を差し伸べる人は誰もいなかった。大飢饉は五九年で終わらずに、さらに六〇年、六一年と続いた。最終的には数千万人の人々が餓死してしまった。

この数千万人の死者たちは、紛れもなく毛沢東一人の権力欲と野心の犠牲品であった。「国際共産主義運動」のボスの座を狙うために、そして党内における自らの権威を守るために、彼は数千万人の自国民の命をこのようなかたちで奪ってしまった。もちろん、毛沢東の発動した「大躍進運動」も、中国の大地に爪痕だけを残して完全に失敗に終わった。

それからの五、六年は、毛沢東にとって憂鬱《ゆううつ》な日々となった。最初から無謀であった大躍進政策が完全に失敗してしまい、数千万人の餓死者を出したことで、「毛主席が完全無欠、絶対正しい」という党内の毛沢東神話が音を立てて崩れてしまい、その政治的権威に大きな傷がついた。そのときから、毛沢東は徐々に党務と政務の第一線から退いた。

その代わりに、六一年から国家主席の劉少奇と党総書記の鄧小平が第一線に立って、経済の立て直しを計った。彼らは毛沢東への直接な批判を避けながらも、その大躍進政策の過ちを正し、現実路線の経済運営を始めた。「経済調整」と称される劉少奇路線がただちに効果を上げ、六三年あたりから国民経済は徐々に回復し、大飢饉の後の中国農村も活気を取り戻した。

その結果、党内における劉少奇たちの声望は徐々に高まり、政治の実権も彼ら党内実務派によって握られることになった。六二年から六六年前半までの数年間、毛沢東は党内から浮いた存在となりつつ、不本意な日々を送っていた。

このような局面はもともと毛沢東本人が推進した「盲進政策」の失敗が招いた結果であり、いわば自業自得以外の何ものでもない。本来なら毛沢東は、自分の犯した過ちと、自分の誤りが招いた数千万人餓死の惨禍を一度深く反省して自責しなければならなかった。

しかし毛沢東は、けっしてこのようなことをしなかった。本書に登場した三国時代の曹操と同様、彼もまさに「わしが天下の人々を裏切ることがあっても、天下の人々は誰一人として、わしを裏切るようなことは絶対許さん」というキャッチフレーズをモットーにしているような悪しき為政者であった。

自らの過ちを反省するどころか、そして数千万人の国民の餓死に心を痛めるどころか、そのときの彼はただひたすら、自らの権威失墜を心配して、劉少奇たちからの権力の奪還に闘志を燃やしていた。

彼は二つのことを恐れていた。一つは政治の実権が劉少奇たちの手に落ちてしまうことで、党の最高領袖としての自分の立場が脅かされること。もう一つは、実力をつけた劉少奇などの党内実務派が、いずれ数千万人餓死の責任を自分に求めてくることであった。

この二つの可能性が現実になるのを阻止するために、毛沢東はやがて劉少奇と、劉少奇を頂点とする党内実務派たちの打倒を決意した。大掛かりな政治闘争運動を巻き起こしてそういう人たちを政権から一掃し、自らの絶対権威の再建を計ろうとしたのである。

それがすなわち、一九六六年における「文化大革命」という名の政治運動の発動である。そのとき、毛沢東は人々の度肝を抜くような前代未聞の政治手法をとった。党と政府の幹部階層に対する一般民衆の不満を利用して、「下からの造反」というかたちでの民衆運動で党と政府の組織を破壊し、党内実務派を徹底的に打ちのめす手法であった。

毛沢東は彭徳懐事件のときにも登場した林彪を手先に使って軍隊を掌握する一方、夫人の江青《こうせい》を中心とする過激グループを中枢部に抜擢して身辺を固めた。そのうえで、毛沢東は天真爛漫にして無知な学生たちを煽《あお》り立てて紅衛兵《こうえいへい》として組織し、社会下層のならず者やゴロツキたちを「造反派」に仕立てた。彼らを突撃部隊として使い、劉少奇を頂点とする各級の党内実務派に対する狂瀾怒濤《きょうらんどとう》のごとき造反運動をいっきに展開したのである。

その結果は毛沢東の思惑どおりであった。劉少奇と鄧小平はまもなく失脚し、彼らを頂点とする各級の党と政府組織が紅衛兵や造反派たちの手によって粉々に打ち砕かれた。毛沢東に抵抗していた党内実務派幹部は政権から一掃された。

しかし文化大革命はそれで終わらなかった。劉少奇打倒の後も、毛沢東主導の権力闘争はさらに続いた。次の目標は、劉少奇の打倒に助力した最大の功臣、林彪となった。文化大革命のなかで林彪の政治勢力があまりにも膨張しすぎたのを警戒して、毛沢東がその勢力を削ぐ行動に出ると、今度は毛沢東と林彪との暗闘が始まり、林彪の国外逃亡と横死《おうし》によって決着がつけられた。

林彪亡き後、毛沢東が最も警戒していたのは、生き残った最後の大物、周恩来であった。周恩来の権力を牽制するために、毛沢東は自分の手で打倒したはずの鄧小平を復帰させ、党務と政務の全般を任せた。

しかし思わぬことに、権力を握るや否や、鄧小平は毛沢東の路線に対する大胆な修正を始めた。毛沢東の番犬であった江青夫人のグループとも果敢に戦った。それは当然、毛沢東の癇癪《かんしゃく》にさわった。そのとき、重病の毛沢東は余命がもう長くない。彼は自分の死後、鄧小平によって清算されることを恐れた。そして一九七六年一月に周恩来が病死すると、鄧小平を利用して周恩来を牽制する必要もなくなった。その直後に、毛沢東は何の躊躇いもなく、もう一度鄧小平を失脚させた。

そしてこの年の九月、一代の雄である毛沢東もついに息を引き取り、八十三歳の生涯に幕を閉じた。彼によって発動された文化大革命は、それでやっと終結への転機を迎えた。

しかしその十年間、全国で約一億人の人々が何らかのかたちでの政治的迫害を受け、約一千万人以上の人々が惨殺されたり自殺に追い込まれたりして命を奪われた。大躍進運動で餓死した数千万人の国民と同様、彼らもまた、毛沢東という一人の人間の権力欲のもたらした犠牲者だった。

一九二一年に中国共産党の創立に参画してから五十五年間、謀略家としての毛沢東は、いったいどれほどの権力闘争の修羅場をくぐり、いったいどれほどのライバルたちを葬ってきたのか。一九四九年に共産党軍を率いて政権を奪取してから二十七年間、絶対的独裁者としての毛沢東は、いったいどれほどの人々の命を奪い、中国人民にいったいどれほどの災難をもたらしたのか。

毛沢東生涯の功罪を語るほどの紙幅はここにはないが、上述した五九年の大飢饉から七六年の文化大革命終結までの毛沢東の政治活動の粗筋を見れば、彼がいったいどのような為政者だったのかは、よく分かるのではないか。

彼は終始、自らの権力の保持だけに執着して情熱を燃やしていた。このただ一つの目的のために、終息のない政治闘争を行ない、戦友や部下を次から次へと葬っていった。このただ一つの目的のために、天下国家と万民にいかなる被害を与えるのも辞さなかった。「人民領袖」を自称するこの人間の目には、「人民」なんかはくそったれ以外の何ものでもなかった。

この毛沢東こそが、本書に登場してきたすべての謀略家たちの卑劣さと悪辣《あくらつ》さを集大成した稀代の悪党であり、この毛沢東こそが、中国史上、国と万民を地獄へと陥れた暴君の極め付きだった。

周恩来が失脚しなかった理由

毛沢東がこのような稀代の悪党・暴君であったことからすれば、本章のもう一人の主人公である周恩来（一八九八年－一九七六年）がどういう人物だったのかは、やはり気になるところであろう。

というのも、周恩来こそが、その人生の大半をかけて暴君・毛沢東に付き従い、最も忠実な助手として終始一貫奉仕することのできた人間だからである。

延安《えんあん》時代からの度重なる残酷な党内闘争のなかで、毛沢東のライバルや子飼いの部下たちが次から次へと粛清されて地位や命を失っていったが、唯一周恩来だけは一度も失脚することなく、自らの地位を守り通して天寿をまっとうすることができた。

しかも、中華人民共和国の成立から彼自身の死まで、周恩来はずっと国務院総理（内閣総理大臣）のポストにおさまっていた。二十七年間にわたって一国の宰相を務めつづけるとは、おそらく中国史上前例のないことであろう。

中国共産党の歴史において、あるいは中国の近現代史において、周恩来の経歴と存在自体は一つの奇跡なのである。

ならば彼は、いったいどうやってこのような奇跡を成し遂げることができたのか。つまり本書の視点からすれば、老練な政治家の周恩来は、いったいどのような策略や謀略を使って、数多くの凄まじい権力闘争の修羅場をくぐって自分の地位を守り通すことができたのか。

「伴君若伴虎」（君主に伴うこと、虎に伴うがごとし）という中国の政治伝統のなかで、誰よりも自己中心的で猜疑《さいぎ》心の強い毛沢東に仕えながら、失脚・横死の憂き目を見た劉少奇や林彪らと違って、周恩来だけが最後まで生き延びた。それはいったい、どのような秘策が用いられたことの結果なのか、やはり興味のわく問題であろう。

それに関し、中国の国内外で発表されている多くの「周恩来論」は一致して、毛沢東に対する周恩来の付和雷同《ふわらいどう》と絶対服従に、その政治的「長寿」の原因を求めている。つまり、周恩来は最初から最後まで毛沢東に絶対服従していたから、毛沢東が彼を粛清する必要もなかった、という解釈である。

このような解釈にはたしかに一理あるが、それだけではやはり、「周恩来の奇跡」に対する十分な説明にはならない。というのも、毛沢東に絶対服従するような忠実な部下でありながら、毛沢東の手によって粛清された不幸者たちの例はいくらでもある。たとえば林彪も長いあいだ、「主席が賛成なら私も賛成、主席が反対なら私も反対」というキャッチフレーズを自らの政治原則にして、毛沢東に対する「臣従」の姿勢を明確にしていた。にもかかわらず、最後にはやはり、毛沢東と対決する運命から逃れることができなかった。

その際、林彪の政治勢力があまりにも膨らんで毛沢東にとっての潜在的脅威となったから、毛は彼の粛清を決心したと見ることもできるが、問題はそれほど単純でもない。実際、周恩来のほうがずっと党と政府と軍のなかで幅広い勢力を擁して、林彪以上の影響力をもっていたが、毛沢東はそれを大いに警戒しながらも、最後まで周恩来を切り捨てるようなことはしなかった。

それはいったい、なぜなのだろうか。

じつは林彪と周恩来とを比べてみれば、一つの大きな違いがあった。周恩来は性格的にはごく温和で従順であったことがよく知られているが、それに対して、かつて大軍を率いて戦場を駆け巡った林彪は、すごく意地っ張りで強情で、プライドが人一倍高い人間だった。

たとえばその時代、共産党党内では「自己批判」が一種の風潮となっていた。日本の会社の部下が上司に対して「始末書」を書くのと同じように、周恩来以下、党の高級幹部たちが何かあるたびに、「自分が間違った、悪かった」という方式の「自己批判文」を書いて毛沢東に提出するのは、当時の共産党の流儀であった。

もちろん、「君主」の毛沢東はいっさい「自己批判」はしないが、「臣下」のなかで唯一、一貫して「自己批判」を頑《かたく》なに拒んだのが林彪である。

文化大革命後期の一九七〇年代初頭、林彪の政治勢力の膨張に警戒心を募らせた毛沢東は、それを押さえつけるために林彪の側近たちに対する攻撃をしかけて、林彪本人にも「自己批判」を強要した。しかしそのときでも、林彪は「自己批判」をきっぱりと拒否して、共産党党内の高級幹部たちを大いに驚かせた。

じつはその当時、毛沢東は林彪を死地に追いやるつもりはなかったようだ。たんに、林彪勢力の増長を警戒してその弱体化を計ろうとしていた。力のついた臣下を適当に叩いてその勢いを削ぐのが毛沢東の一貫した政治手法であり、林彪への「自己批判」の強要もそのためのものだった。

しかし、強情にしてプライドの高い林彪がそれを頑なに拒むと、毛沢東の権威とメンツが大きく損なわれて、両者の関係が急速に悪化した。「絶対君主」としての自分の権威を守るために、毛沢東は林彪を一度、徹底的に打ちのめそうと決めた。

こうしたなかで、林彪も実力をもって毛沢東と対抗する決意を固めた。彼は息子を使って暗殺やクーデタを企んだが、それを察知した毛沢東が周恩来と組んで反撃に転じると、林彪は結局国外逃亡に追い込まれて、そして逃亡の途中の飛行機墜落で横死した。

いってみれば、「自己批判」一つを拒んだことから、林彪は自滅の道をたどることになったわけだが、毛沢東という暴君の支配下では、党の幹部が自尊心やプライドなどをもつようなことは、とにかく許されなかった。それら「無用」なものをすべて放り捨てて、徹頭徹尾、毛沢東の「奴隷」となって、その絶対権威に一〇〇パーセント屈従していくことこそ、生き延びるための唯一の道だった。

じつは、まさにこの道にかけては、周恩来こそが党内一番の達人であり、毛沢東への「奴隷道」を極めた超一流の天才政治家なのである。毛沢東を相手にしては、周恩来はどこまでも卑屈な態度を取ることができ、どこまでも自らのプライドを捨てることができ、どこまでも付和雷同して絶対服従することができたからである。

たとえば上述の「自己批判」に関していえば、強情な林彪とは全然違って、周恩来は「自己批判」を拒むようなことは一度もなかった。毛沢東に求められたら当然、自己批判を行なったし、毛沢東に求められなくても、自ら進んでそれをやったことがある。いってみれば、彼こそが党内一の「自己批判の名人」でもあった。

じつはいま、われわれは周恩来が書いた数多くの「自己批判書」を目にすることができる。それは『晩年周恩来』という本を書いて出版した高文謙《こうぶんけん》という人のおかげだ。彼はもともと中国共産党内部の人間で、長年共産党中央文献室に勤務して、党の内部機密文書に接する立場にあった。そして彼はまた、文献研究室のなかに設置された「周恩来生涯研究班」の班長に任命され、周恩来に関するあらゆる「マル秘」資料に目を通していた。

天安門事件以後、高文謙氏は中国から脱出して米国に移住した。そして二〇〇三年、彼はみずからの把握した膨大な「周恩来資料」に基づいて『晩年周恩来』（邦題は『周恩来秘録』）を書いて出版し、世の中にまったく知られていない周恩来の正体を暴いてみせた。

いまも筆者の手元にあるこの『晩年周恩来』には、周恩来が書いた「自己批判文」の数々が載せられている。それらを一度読んでみると、虫酸《むしず》が走った後に、何だかやりきれない気持ちにならざるを得ない。中国という大国のかつての首相、周恩来という超一流の優れた政治家が、ここまで卑屈極まりのない「自己批判」を行なったとは、にわかに信じられなかった。

「自己批判」で見られた周恩来の「奴隷根性」

周恩来による「自己批判」の歴史は、中国共産党が政権を奪取する前の延安時代に遡る。一九三六年から四七年までの十一年間、中国共産党は陝西省北部の延安に本拠地を置いたことがあり、共産党史上では「延安時代」という。

「延安時代」後期の一九四二年から四五年までの約三年間、毛沢東の主導下で、共産党内では「整風《せいふう》運動」と称される大規模な政治闘争運動が展開された。その背景はこうである。

一九三五年に共産党が長征の途中で開いた遵義《じゅんぎ》会議で、毛沢東は王明《おうめい》・周恩来と並んで党の最高指導部である「三人組」の一人となった。それ以来、党内闘争における毛沢東の主な目標はすなわち、王明や周恩来の勢力を圧倒して、自らを中心とする党内独裁体制をつくりあげることであった。

そして一九四二年の段階では、毛沢東の政治目標の大半が達成された。一連の凄まじい権力闘争を通して、彼は党のトップとなって紅軍の統帥権を独占し、党と軍の重要ポストを自分の子飼い幹部で占めることにも成功した。

しかしそれでも、ソ連コミンテルンの代理人である王明と、紅軍のかつての最高指揮官であった周恩来は、党と軍において依然として大きな影響力をもっていた。党と軍における毛沢東の絶対的な権威と彼を中心とする独裁体制の樹立は未完成のままである。

そこで毛沢東は、「整風運動」という名の党内粛清運動を断行した。自分の権威にいまだに服従していない「抵抗勢力」を徹底的に排除し、自分による思想的・政治的指導の絶対優位性を全党に認めさせ、「毛沢東独裁」を完成する狙いだった。

ただしそのとき、自分一人の力をもって王明勢力と周恩来勢力の両方をいっせいに叩き潰すのは無理があったから、毛沢東は王明グループに容赦のない粛清を加える一方、周恩来勢力に対しては、自分への絶対的服従を強いたうえで自陣営に取り込もうとする戦術をとった。

そのために、毛沢東は王明勢力に「教条主義」、周恩来勢力に「経験主義」のレッテルを貼《は》って、彼らに自己批判や仲間への告発を強要した。そのとき、いわば「経験主義派」のボスである周恩来が自己批判に応じるかどうか、どのような自己批判を行なうのか、が注目の焦点となった。毛沢東はまさにこれを見極めて、周恩来一派を取り込むのか、もしくは粛清するのかを決めようとしていた。

そこで周恩来の出番となった。共産党史上、同じくソ連コミンテルンから派遣されてきた幹部として、周恩来は毛沢東よりもむしろ王明一派と緊密な関係にあったが、「整風運動」の時点となると、王明に対する毛沢東勢力の政治的優位がすでに不動なものとなったことはれっきとした事実であった。

このような力関係の前で、周恩来はその一生のなかで最も重要な政治的決断を下した。彼は王明勢力と完全に袂《たもと》を分かって、自分のかつての部下であった毛沢東の軍門に降《くだ》り、その子分となることを決めた。もちろんそれは、周恩来にとって最も賢明な生き延び戦略でもあった。

そのために、彼は毛沢東の強要に応じて、中国共産党史上でも稀《まれ》にみる凄まじい自己批判を行なった。

高文謙氏の『晩年周恩来』の記述によると、周恩来は三万字に及ぶ学習メモと自己批判要点を書いて、一九四三年十一月十五日から、党政治局会議でまるまる五日間の自己批判を行なったという。これは党内の高級幹部「整風」における自己批判の時間が最も長いものの一つとなった。

そのときの光景を『晩年周恩来』はこう記している。

「周は毛の定めた趣旨にそって、問題を最大限に誇張し、自分にレッテルを貼り、泥水をかぶり、系統的に自分が犯した過ちを清算した」

ここでいう「問題を最大限に誇張する」とは当然、周恩来が自らの「問題」の厳重性を最大限に誇張することを指している。あまり適切な喩《たと》えでないかもしれないが、それは、「お前は一度盗みを犯して一万円も盗んだね」と糾《ただ》された犯人が、「いいえ、私は十回も窃盗して百万円を盗みましたよ」と答えたかのような自己批判だった。とにかく周恩来は、「自分にレッテルを貼り、泥水をかぶる」ことで、毛沢東への降参と屈従を表明したのである。

彼の行なった自己批判には、たとえば次のような内容がある。

「(私は) 経験主義派の毒をもち、コミンテルン教条主義に盲従し、思想的気分的に教条主義派と一脈通じるものがあった。それで思想上、組織上、大きな罪を犯したのはもちろん、経験主義派の代表、教条主義派支配の共犯者として人々の思想を惑わす人物となり、党のボルシェビキ化を阻害するものとなった」

ここで周恩来は、毛沢東が抵抗勢力に貼った「経験主義」と「教条主義」の二つのレッテルを一人で全部引き受けた。そして、「罪を犯した」「共犯者として」といった際どい表現までをもちだして、自分自身を「犯罪者」呼ばわりしたのである。それは、毛沢東の強要に応じた自己批判というよりも、むしろ毛沢東の期待さえもはるかに超えた「自己断罪」というしかない。生き延びていくために、彼はどんな泥でも平気で自分の顔にかぶるつもりだった。

周恩来はさらに、自分の生まれ育った家庭的背景にまで掘り下げて、自分の「罪」を追及しようとした。

「私は破産した封建旧家の子弟だ。この家庭環境が私に与えた (見栄を張り)、庇《かば》いあい、世間体を気にし、八方美人、引っ込み思案、得失のみを考え、煩瑣《はんさ》で衝動的な曲がった根性は抜け切れておらず、おまけに幼児の母親の教育は、私の党内での奴隷根性を助長し、軟弱で、いつまでたっても妥協をはかるばかりで原則性に欠ける性格の根源であり、同時に破壊性も帯びていたといえる」

高文謙氏の『晩年周恩来』に記載されている上述の自己批判を読んだとき、私の心のどこかにかすかに残されていた、周恩来という歴史的人物に対する敬意は完全に砕けて粉々になった。

共産党の古参幹部の一人として輝かしい「革命経歴」をもった周恩来は、多くの党幹部の前で堂々と、「見栄っ張り」や「八方美人」や「奴隷根性」などの罵詈雑言《ばりぞうごん》を自分の身に投げつけ、自分自身を徹底的に貶《おとし》めたのである。おまけに、自分自身の育った家庭、自分に幼児教育を施した母親までが、彼の貶めの対象となった。

周恩来という人間は、政治的生き残りをはかるために、そこまで自分自身を侮辱することができるのか。そこまでに自分自身の誇りを捨てることができるのか。そこまで自分の人格や自尊を否定することができるのか。まさに啞然《あぜん》とするほどの光景であった。

しかし周恩来本人は、真面目な顔をしてこれを堂々とやった。多くの聴衆の前で、五日間にもわたって、高い地位にあるはずのこの中年男は、ありとあらゆる罵倒語を並べて自分自身を痛めつけ傷つけ、中国共産党流の「自虐ＳＭ」を演じてみせた。

周恩来自身の言葉を借りていえば、それこそが「奴隷根性」の発露以外の何ものでもないが、考えてみれば、「整風運動」のなかで行なわれた周恩来の五日間の自己批判は、まさに毛沢東に対する彼自身の「奴隷宣言」となったのである。

延安整風運動は一万人以上の犠牲者を出して毛沢東の絶対権威樹立の成功で終わったが、周恩来は政治的に生き残って党の最高指導部に留《とど》まった。毛沢東にしてみれば、これほど徹底的な「臣従」の姿勢を示した幹部は当然安心して使えるし、これほど徹底的に自分自身を貶めた人間は、政治的にはもはや脅威とはならない。中国現代史の中軸の一つである毛沢東・周恩来の「主人・奴隷コンビ」の協力関係は、まさにこのときにできあがった。

そして、そのときから死去するまでの三十一年間、周恩来はこのコンビ関係の枠組みを忠実に守り通して、まさに「奴隷」のごとく毛沢東に仕え、全身全霊をかけて毛沢東に尽くしていった。

　その間、何もかも毛沢東に付いていくというのは、周恩来の最高にして唯一の政治原則となった。毛沢東が右といえば彼も右といい、毛沢東が黒といえば彼はけっして白とはいわなかった。毛沢東がしかけたすべての政治闘争において、周恩来は終始一貫、毛沢東の陣営に立ってその手足として働き、毛沢東が誰かを粛清しようとしたとき、周恩来はつねに「共犯者として」その手伝いをした。ときには下手人となって汚い仕事も引き受けた。毛沢東が正しい政策を推進するときには周恩来は当然、その正しい政策の執行者となることもあるが、逆に毛沢東がさまざまな悪政を中国人民に強いたとき、周恩来はまた、その忠実な部下として悪政の推進に余念がなかった。

　とにかく、彼は善悪や是非に対する自らの判断を完全に放棄して、良心もプライドもいっさい捨てて、毛沢東の走狗《そうく》と奴隷になりきって、毛沢東一人のために人生のすべてを奉仕した。それがすなわち、周恩来という一代の「名宰相」の正体だった。

　しかしそれでも、毛沢東はけっして彼に心を許さなかった。つねに彼のことを警戒していた。必要と思えば、毛沢東は何の躊躇いもなく、周恩来を貶したり嘲笑したり圧力をかけたりしていた。劉少奇や鄧小平などを使って首相の彼から権限を奪うようなことは何度もあった。そしてそのつど、周恩来に「自己批判」を強いた。

そして周恩来もそのつど、よりいっそうの恭順の姿勢を示し、よりいっそうの凄まじい自己批判を行なった。一度毛沢東の「奴隷」となった人間として、その「奴隷根性」を徹底的に発揮して、毛沢東への「奴隷道」をどこまでも貫く覚悟だった。

その結果、周恩来は最後まで生き残った。首相としての自分の地位を最後まで守り通して天寿をまっとうすることができた。

死去する数日前、ほとんど昏睡状態に陥っていた周恩来は、意識を取り戻したわずかな時間で、公表されたばかりの毛沢東の詩を口ずさんで、毛沢東への最後の恭順を表わした。死ぬ寸前まで、彼は徹頭徹尾、毛沢東の忠実な「奴隷」だった。

何のことはない。毛沢東という暴君への「奴隷道」に徹したことこそが、一度も失脚しなかったという「周恩来の奇跡」の秘訣だった。奴隷になりきったことは、いわば周恩来という謀略家の用いた最大の謀略だった。

しかしその一方、人民はどうなったのか。国家はどうなったのか。中華人民共和国の成立から一九七六年に周恩来と毛沢東が死去するまでの二十七年間、中国人民はまさに毛沢東・周恩来コンビが強いた暴政下で、大変な時代を生きたのではないか。奴隷・周恩来の服従と協力があったからこそ、毛沢東はやりたい放題の悪政を行なうことができたのではないか。この二十七年間において、中国人民のこうむった飢餓や迫害や虐殺などのすべての災難は、総理大臣である周恩来にも責任があったのではないか。

地位と権力のために謀略の限りを尽くした中国の謀略家たちの場合と同様、周恩来もやはり、保身のために「奴隷道」という究極の謀略を用いたなかで、天下国家を蔑《ないがし》ろにして万民のことを犠牲にした。そういう意味では、周恩来はまさしく、毛沢東という稀代の暴君の共犯者であった。

むすびに代えて

剝き出しの欲望こそが中国史の原動力か

本書は第一章から第八章まで、中国史上の十二名の謀略家たちを取り上げてきた。彼らの巡らした謀略の数々を記しながら、それぞれの人間模様の描写や深層心理の掘り下げにも努めた。

そのなかで、筆者があらためて強く感じたのは、歴史の舞台に登場してきたそれらの人々の欲の深さである。彼らの深い欲望こそが、中国史を創出してきた最大の原動力ではなかったのかとさえ思っている。

まず断っておくべきなのは、ここでいう「欲望」とは、けっして哲学や美学への形而《けいじ》上《じょう》の希求などという高尚なものではない。生身の人間の、栄華富貴や権力への生々しい欲求と凄まじい執念がその正体なのだ。

そして、まさにこの「欲望」というキーワードから、中国史を動かしてきた謀略家の行動原理を解くことができるのではないか。

考えてみよう。蘇秦は、まさに権力と富貴への欲望満足のために六国の国王を説き伏せて天下を動かし、李斯と趙高は、まさにこのような欲望への執着のために殺し合いの政変を繰り返して秦帝国を滅亡へと導いた。もう一人の主人公である則天武后に至っては、権力と地位上昇への執念から、男中心の政治秩序に対する凄まじい権力闘争を戦い抜いた。そして「裏切り専門男」の袁世凱は、己一人の私利私欲を満たすために、皇帝から革命家までのすべての人間を裏切った。

いってみれば、秦帝国に対抗するための「六国合従同盟」の成立、中国史上最初の統一帝国である秦王朝の崩壊、中国史上唯一の女帝の誕生、中国近代革命の散々たる失敗など、中国の歴史を彩ったり方向づけたりしたそれらの大事件の背後にあったのは、やはり事件を引き起こした張本人たちの人間臭い欲望だった。

つまり、マルクス史観のいう「歴史の必然性」うんぬんよりも、生身の人間たちが心のなかにひめていた卑しいほどの欲望が、彼らを歴史への参与に駆り立てて歴史を形づくらせた、ということなのである。

もちろん、それは中国史だけでなく、世界各国の歴史にも共通する傾向の一つではあるが、やはり中国史の場合、この点はとくに目覚ましい。漢詩や儒教などの美と道徳の高尚な世界をつくりだしていながらも、私の出身民族の漢民族は、やはり剝き出しの欲望とその欲望への執念を民族のエートス（習性）としているのだろうか。

あるいは逆に、漢民族は欲の深い民族だからこそ、儒教の説く高尚な形而上的な世界を建前として必要としているのかもしれない。本書に登場した稀代の偽善者の王莽も、まさに儒教の「美徳」をもって己の卑しい欲望を粉飾していたではないか。

❖「欲望」を根底にした中国流の現実主義と功利主義

このような欲望剝き出しの世界から生み出されたのは、中国流の現実主義もしくは功利主義である。栄華富貴や権力への己の欲望を最大限に満たすという究極の目的がまずある。それをどうやって手早く達成できるのかの一点のみを考えて、現実に即した効率のよい方法を講じていく。それがすなわち中国流現実主義・功利主義の基本であるが、その際、権力や地位や富の獲得という目的の達成に役に立つかどうかがすべてなので、他のことはどうでもよい。

だからこそ蘇秦は、秦の国に対しては六国併合の策を説き、六国に対しては秦の併合に対抗する「合従の策」を説くという無節操なことを平気でやり遂げ、曹操は、自分の部下までを欺いてその首を「拝借」した。そして則天武后は、その目的達成のための手早い手段として、わが子の命を奪うことさえできた。近現代の大物政治家の周恩来に至っては、自らの保身をはかって毛沢東への恭順を示すために、自分自身をボロクソに侮辱するのも、自分の母親を批判の対象に引きずり出すのも辞さなかった。

要するに、目的達成のために役に立つ方法であれば、それが詐欺であれ偽善であれ陰謀であれ子殺しであれ、何でも用いられるのだが、目的達成のために役に立たないもの、あるいは目的達成の邪魔になるようなもの、それが節操であれ信義であれ良心であれ人間の尊厳であれ、すべてが放棄されていくのである。

そして、このような割り切ったことのできる人物ほど、中国史上の大物となったりキーマンとなったりして歴史を動かしてきた。逆に、武士としての名誉や気骨のような「余計な」ものを何よりも大事にする項羽のごとき「愚か者」が葬られていったのが中国史の常である。

アメリカ人文化人類学者のルース・ベネディクト氏は、その名著『菊と刀』のなかで、西洋の文化を「罪の文化」、日本の文化を「恥の文化」と定義したことがある。つまり彼女から見れば、西洋人の社会的行為の根底にあるのは「罪の意識」であるのに対して、日本人のそれは「恥の意識」である。より平俗な言葉でいえば、要するに西洋人には「罪」の意識があるから悪いことができないのに対し、日本人には「恥じる」意識があるから汚いことができない、ということなのである。

それはある程度、西洋人と日本人の行動原理の相違を抉《えぐ》り出した名分析ではあるが、じつは中国流の現実主義や功利主義からすれば、西洋の「罪の意識」も日本の「恥の意識」も、まったく無用の長物以外の何ものでもない。目的達成の邪魔になるだけなのである。

実際、中国の歴史上、「罪」も「恥」も知らない豪胆無敵な英雄が輩出し、「罪の意識」や「恥の意識」に一度も悩まされたことのない劉邦のような破落戸《ならずもの》出身の豪傑が天下を取るのである。

近現代になると、「裏切り専門」の袁世凱に「罪の意識」も「恥の意識」もないのは明々白々な事実であるが、もう一人の大軍閥の親分の毛沢東も、人民に対してどんな惨い罪を犯していても平気でいられるような「罪知らず」の男であった。そして彼の「忠臣」の周恩来は、自分の顔に泥を塗ることに喜びさえ感じているような「恥知らず」の人間であることは本書に記述したとおりである。

もちろん、中国流の現実主義あるいは功利主義は悪いことだけではない。ときにはそれは、より現実的、より即物的な政治路線を生み出して、国家安定の基盤を固め、万民に目に見える利益をもたらすことができる。たとえば超現実主義者の曹操が考案した「屯田《とんでん》制」などの制度が、戦乱に苦しんでいた流民たちを安堵させ、魏の国の国家基盤をつくりあげたことはその一例である。あるいは中国現代史のもう一人のキーマンである鄧小平は、「白猫でも黒猫でも、ネズミを取れれば良い猫だ」という名言を吐いたことで知られているが、彼はまさにこの名言で表現されているような現実主義精神を発揮して、毛沢東政治の残した貧困と天下大乱の後遺症から中国人民を救った。

ときには、諸葛孔明や毛沢東のような狂気的精神主義よりも、曹操や鄧小平流の現実主義のほうが天下万民のためになるのである。

中国の民はいつになれば権力から解放されるのか

しかし「天下万民のため」という視点から中国の謀略家たちの行状を見たとき、元中国人である私はいつも、切歯痛憤《せっしつうふん》するような気持ちに駆り立てられる。中国の人民たち、あるいは天下国家というものは、いつも彼ら謀略家たちの権力闘争の犠牲となり餌食となり、多大な被害をこうむるからである。

どこの国でも、権力闘争は大きな犠牲を伴うものではあるが、中国の場合、彼ら権力者・為政者たちのやることにはあまりにも節度がなさすぎた。李斯や趙高、王莽や袁世凱、国と万民の運命を支配下においたそれらの諸公たちは、謀略や権謀術数の駆使に明け暮れる一方、天下国家の安泰や万民の福祉の向上に心を配った痕跡が少しもなかった。いざとなったとき、彼らはむしろ、自らの権力維持や保身のために、天下国家と万民を平気で裏切ったり犠牲にしたりするのである。そして毛沢東に至っては、陰謀と暗闘のなかで過ごしたその人生最後の十数年間、彼はもっぱら天下国家を地獄へと陥れ、中国の人民に未曾有《みぞう》の苦痛を与えつづけた。

四千年もあった中国史上、この国の民たちは、彼ら権力者による権力闘争の犠牲となるような運命から、一度も逃れることはできなかった。中国の人民は、こんなにも呪われているような不幸な民族だったのだろうか。

一番問題だったのは、やはり権力の使い方とそのあり方であろう。本来、近代中国の父と呼ばれる孫文が好きな「天下為公」（天下もって公と為《な》す）という言葉にも示されるように、権力というものは天下国家と万民のためのものであり、もっぱら国家の安定の維持と万民の福祉向上を計るための手段である。しかしこの中国では、まさに蘇秦が活躍した春秋戦国の時代から権力の私物化は徐々に進み、秦の始皇帝をもってその頂点に達した。

始皇帝のつくりあげた中央集権的家産国家では、権力はもはや天下国家と万民のためのものではない。むしろその逆で、天下のすべてが最大の権力者である皇帝の私有財産となり、万民はその僕となった。始皇帝の子孫から天下を奪い取ったかの劉邦が、国家そのものが自分の「資産」であると公言して憚らなかったのもこうした制度的背景があってのことであろうが、そして劉邦のつくった漢王朝も、秦王朝の政治制度の骨格をそのまま受け継いだ。

それ以来、「天下国家と万民は権力の僕である」という政治原理は、中国史の内在的法則となり、王朝が替わっても「一君万民」の権力中心主義の社会構造は何も変わらなかった。

天下国家が権力の私物となった以上、権力自体は当然、野心家や謀略家たちの奪取する対象となる。権力さえ奪取すればすべてが手に入るからである。こうしたなかで、権力の奪取と維持は目的そのものと化してしまい、天下国家と万民は権力のたんなる僕と道具となり、あるいは権力闘争の犠牲品となってしまった。

これはある意味では、筆者自身の中国の歴史に対する一つの独自の解釈である。

このような「一君万民」の権力中心主義こそが中国史の悲劇と人民の不幸の源であり、まさに「諸悪の根源」というべきものであろうと思うが、中国の人民にとってさらに不幸なのは、二十一世紀になった現在でも、秦の始皇帝以来の権力構造は依然生き延びていることだ。党の総書記であり国家主席であり軍事委員会の主席でもある習近平《しゅうきんぺい》という一人の人間を頂点にした「一君万民」の一党独裁体制は、秦の始皇帝のときと何か変わったのだろうか。

　このなかで、共産党政権の権力者たちは依然として、権力の維持を最大の目的とし、天下国家を二の次だと考えている。いまから二十年前の天安門事件のとき、現実主義路線をもって国家と人民を救ったことのある鄧小平でさえ、共産党の独裁権力をとるか天下国家をとるかの二者択一を迫られたとき、やはり権力の死守を選んだ。そのために彼は、丸腰の学生や市民への機関銃の乱射も辞さなかったのである。

　鄧小平の後には、カリスマ性のない「サラリーマン社長」の指導者たちが続出して政権の運営にあたっているが、政治的カリスマ性が不足するぶん、彼らの統治スタイルにはいろいろと変化もあった。共産党お家芸の熾烈な権力闘争は一段と沈静化して、胡錦濤や温家宝、習近平などの新しいリーダーが、少なくとも建前上では「民意」に耳を傾けるふりをするようになっている。

　しかしその一方、貧富の格差の拡大や腐敗の蔓延などの弊害をもたらした鄧小平改革路線に対する人民たちの不満を利用して、毛沢東の旗印を掲げてそれを利用しようとする野心家も、いまの共産党政権からすでに顔を出しているのである。

秦の始皇帝の遺産が受け継がれ、毛沢東の幽霊が漂うこの国では、李斯や趙高や王莽や袁世凱などの腹黒い野心家・謀略家がいつかまた輩出してきて、この国とこの国の民を苦しみのどん底へ陥れることとなるのかもしれない。秦の始皇帝以来の政治体制に対する根本的改革がないかぎり、中国の未来はけっして明るいものにはならない。

とにかく、中国の歴史を紐解くと、やはりこの国の現在と未来を憂えずにはいられない。そして、中国という国の行方の日本に対する影響を考えると、一人の日本国民として、この憂いはいっそう深まるのである。

本書は、2009年に発行された『謀略家たちの中国』
（PHP研究所）を改題し、加筆修正したものです。

PHP新書
PHP INTERFACE
https://www.php.co.jp/

石　平［せき・へい］

1962年、中国四川省成都生まれ。北京大学哲学部卒業。四川大学哲学部講師を経て、1988年に来日。1995年、神戸大学大学院文化学研究科博士課程修了。民間研究機関に勤務ののち、評論活動へ。2007年、日本に帰化する。著書に『なぜ中国から離れると日本はうまくいくのか』（ＰＨＰ新書、第23回山本七平賞受賞）、『なぜ論語は「善」なのに、儒教は「悪」なのか』（ＰＨＰ新書）、『なぜ中国は日本に憧れ続けているのか』（ＳＢ新書）など多数。

中国をつくった12人の悪党たち

PHP新書 1192

二〇一九年七月十二日　第一版第一刷

著者――石　平
発行者――後藤淳一
発行所――株式会社ＰＨＰ研究所
東京本部――〒135-8137 江東区豊洲5-6-52
第一制作部ＰＨＰ新書課 ☎03-3520-9615（編集）
普及部 ☎03-3520-9630（販売）
京都本部――〒601-8411 京都市南区西九条北ノ内町11
組版――株式会社ＰＨＰエディターズ・グループ
装幀者――芦澤泰偉＋児崎雅淑
印刷所
製本所――図書印刷株式会社

ISBN978-4-569-84347-6

ＰＨＰ新書刊行にあたって

「繁栄を通じて平和と幸福を」(PEACE and HAPPINESS through PROSPERITY)の願いのもと、ＰＨＰ研究所が創設されて今年で五十周年を迎えます。その歩みは、日本人が先の戦争を乗り越え、並々ならぬ努力を続けて、今日の繁栄を築き上げてきた軌跡に重なります。

しかし、平和で豊かな生活を手にした現在、多くの日本人は、自分が何のために生きているのか、どのように生きていきたいのかを、見失いつつあるように思われます。そして、その間にも、日本国内や世界のみならず地球規模での大きな変化が日々生起し、解決すべき問題となって私たちのもとに押し寄せてきます。

このような時代に人生の確かな価値を見出し、生きる喜びに満ちあふれた社会を実現するために、いま何が求められているのでしょうか。それは、先達が培ってきた知恵を紡ぎ直すこと、その上で自分たち一人一人がおかれた現実と進むべき未来について丹念に考えていくこと以外にはありません。

その営みは、単なる知識に終わらない深い思索へ、そしてよく生きるための哲学への旅でもあります。弊所が創設五十周年を迎えましたのを機に、ＰＨＰ新書を創刊し、この新たな旅を読者と共に歩んでいきたいと思っています。多くの読者の共感と支援を心よりお願いいたします。

一九九六年十月

ＰＨＰ研究所